本书为西北师范大学校史研究项目(项目号:XSYJ-2020-05)成果

西北师范大学校史研究丛书

张官廉教育心理学文集

主　编　舒跃育
副主编　袁彦　丁桂花

中国社会科学出版社

图书在版编目(CIP)数据

张官廉教育心理学文集／舒跃育主编．—北京：中国社会科学出版社，2022.12

（西北师范大学校史研究丛书）

ISBN 978-7-5227-1125-6

Ⅰ.①张⋯ Ⅱ.①舒⋯ Ⅲ.①教育心理学—文集 Ⅳ.①G44-53

中国版本图书馆 CIP 数据核字（2022）第 236684 号

出 版 人	赵剑英
责任编辑	黄　山
责任校对	贾宇峰
责任印制	李寡寡

出　　版	中国社会科学出版社
社　　址	北京鼓楼西大街甲 158 号
邮　　编	100720
网　　址	http://www.csspw.cn
发 行 部	010-84083685
门 市 部	010-84029450
经　　销	新华书店及其他书店

印　　刷	北京明恒达印务有限公司
装　　订	廊坊市广阳区广增装订厂
版　　次	2022 年 12 月第 1 版
印　　次	2022 年 12 月第 1 次印刷

开　　本	710×100 1/16
印　　张	11.75
插　　页	2
字　　数	190 千字
定　　价	68.00 元

凡购买中国社会科学出版社图书，如有质量问题请与本社营销中心联系调换
电话：010-84083683

版权所有　侵权必究

《西北师范大学校史研究丛书》
编委会

总 主 编　张俊宗　刘仲奎
副总主编　田　澍　张生勇　韩高年　尚季芳
本册主编　舒跃育

张官廉先生就读于燕京大学心理学系时期的留影（1928—1932年）

张官廉先生在北京师范大学进修期间工作证上的照片（1953—1955年）

张官廉先生在国立西北师范学院任教期间照片（20世纪40年代）

李约瑟写给张官廉先生之妻王贤琳女士的最后一封信

目录

001 | 致编者的信

001 | 序　张官廉：行走在心理学与"工合"之间

017 | 第一编　《父母学》全译本

141 | 第二编　论文选编

　　　143　心理学与教育
　　　156　内倾和外向的人格
　　　161　现代父母与儿童
　　　165　病儿的心理学
　　　171　儿童与父母间的爱情

175 | 编后记

致编者的信

尊敬的主编舒跃育教授及副主编袁彦、丁桂花二位先生惠鉴：

承蒙关照，我们收到了《张官廉教育心理学文集》的初稿，我和家兄家姐拜读之后，均感慨良多，嘱我代表众子女致函尊下。

《张官廉教育心理学文集》收集了先父张官廉先生发表于 20 世纪 30 年代至 60 年代的一些文章、译文及译著。这些文章与译著距今最晚的已有 50 余年，最早的已有 80 余年，它们由不同的出版单位出版，散落于浩瀚的历史文献之中。可以想见，搜寻这些文章、著作，并加以收集整理及校勘，是多么烦琐而又费时费力的工作。为了编成这个文集，主编及参与该项工作的各位同仁进行了极其细致的工作，付出了极大的努力，各位的辛苦付出使我们深为感动。

在 20 世纪，先父张官廉先生作为热爱心理学专业的一位践行者，由于个人在人生道路探索上的取舍以及历史及时代的原因，其真正从事心理学专业的时间是有限的，其研究成果也是有限的。但本文集的编者，特别是舒跃育教授，以历史发展的眼光，从目前心理学研究发展的高度审视过去，对先父张官廉先生的学术成果给予了高度重视，进而对其人生经历进行了深度的了解，发掘了先父在各个历史时期在心理学教学及科研领域所取得的成果，同时对先父在其他领域所取得的成就给予了客观中肯的评价及赞誉。编者这种对历史的严谨科学的态度，以及对往昔学者的高度尊重，使我们由衷的敬佩。在此，我们特向主编舒跃育教授，向二位副主编，并向《张官廉：行走在心理学与"工合"之间》的作者舒跃育教授及汪李玲先生致以崇高的敬意。先父张官廉先生有幸 —— 作为 20 世纪心理学专业队伍中的一员、一位往昔的践行者 —— 并不孤独。

最后，我们作为张官廉先生的子女，再次向文集的主编、副主编以及参与编校工作的诸位先生、女士及同学表示我们衷心的感谢。你们尽心尽力努力工作，辛苦编成的文集，对我们而言，是一份珍宝，是我们得以永远珍藏的精神财富，再一次道声谢谢！并在此感谢西北师大心理学院的领导及各位同仁对文集出版的大力支持！

张官廉子女代表：张又新

2020 年 12 月 7 日

序　张官廉：行走在心理学与"工合"之间

张官廉（1907—1986），汉族，山西汾阳县（今汾阳市）人，我国著名的教育家、心理学家和翻译家。张官廉先生早年毕业于燕京大学心理学系，曾先后担任四川荣昌县"工合"事务所主任、西北区兰州"工合"事务所主任、兰州培黎工艺学校校长、甘肃省合作干部学校教务主任、国立西北师范学院教育系教授和外语系教授，此外，还曾担任教育系心理学教研室主任及《国立西北师范学院院报》编委会委员。在国内外报刊上发表论文数十篇，有《青年心理卫生》《父母学》《儿童之教育》等著作和译著。但由于诸多原因导致史料散佚，心理学界对张官廉的学术贡献知之甚少，唯有阎书昌和乔建中分别在《中国近代心理学史》和《中外教育经典名著速读》提到过张官廉，但都是因为他的著作和译著才提及，而缺乏对张先生本人学术生平及贡献的详细介绍。张先生一生，跨越心理学和"工合"两个领域，因此他的生平资料除了具有心理学的史料价值之外，同时也反映了一名知识分子在 20 世纪我国的社会大环境中的个人追求。心理学家埃里克森认为，对个体的发展而言，获得"自我同一性"非常重要，而获得"同一性"的关键，是个体能够在个人需要和社会需要之间达成某种"平衡"——即在"我想成为什么人"与"社会允许我成为什么人"之间的折中，只有这样，个人的人生意义才能与社会的时代精神相结合，才能更好地实现个人价值。从张官廉的一生中，我们可以看到，在一个急剧变革的时代，有担当的知识分子是如何服务于社会的变革和发展的。

一　早年成长经历

1907 年 1 月 9 日，张官廉出生于山西汾阳一个贫农家庭，5 岁时母亲去世，跟着父亲生活。1913 年 9 月，张官廉在汾阳演武镇上达村的一个教会学校开始读小学；1919年7月到1921年6月，张官廉又到汾阳铭义教会读高小；小学毕业后，1921年8月，张官廉升入汾阳铭义中学[1]就读。铭义中学在1922年增设了高中部，张官廉初中毕业后就顺利升入本校高中部。当时的铭义中学开设的课程特别齐全，有国文、英语、数学、物理、化学、生物、历史、地理、体育和图画等课程[2]，为此，张官廉能够接受到的知识也比较广，他非常珍惜来之不易的学习机会，发奋图强。在校期间，成绩优异，英语水平尤为突出，这为他以后翻译外文书籍和英语写作奠定了基础。同时，他还善于观察社会各种现象并试图提出相应的解决方案，张官廉在高中时就曾用英语撰写了一篇论文《家乡的卫生状况及医药设备及改进方法》，发表于《上海卫生教育季刊》，并且以此文获得当时全国竞赛第一名，得到了去上海和北京旅游一次的机会[3]。从思想气质上，张官廉不仅能专注于理论知识的学习，同时对直接改变社会的实践运动也非常感兴趣。

1927年6月，张官廉高中毕业，由于经济拮据，他没有继续深造，而是选择留在铭义中学当教员，教授英语课程。在此期间，张官廉对一些与宗教话题有关的文章进行翻译并发表。次年9月，张官廉在铭义中学和传教士甘美恩（英文名不确定）女士的资助下，考入北平燕京大学（今并入北京大学）心理学系继续深造，跟随著名的美籍心理学家夏仁德（Randolph Clothier Sailer，1898—1981）教授学习心理学[4]。

在读大学的4年里，张官廉除了专心学术研究外，还积极参加各种校园活动。他曾经就以男主角哈姆雷特的身份登台演出过莎士比亚的英文剧《王子复仇记》[5]；"九一八"事变后，张官廉又利用停课时间，组织宣传队，积极参加"九一八"抗日救亡运动[6]。1932年6月，张官廉以《中国中学生心理态度之研究》作为毕业论文选题。此论文由当时燕京大学心理学系的系主任陆志韦教授亲自改稿并作序。在序中，陆志韦对张官廉的测量信度和统计方法给予了充分的肯

---

[1] 华北基督教公理会于1915年创办，1949年3月15日，与介休中学、文水中学、孝义中学、汾阳中学和尊德中学合并为汾阳中学，校址仍为原铭义中学旧址。
[2] 刘锡仁、王希良：《教育》，转自《汾阳县志》，海潮出版社1998年版，第723—724页。
[3] 王贤琳：《悲欢交织的五十三年》，转自《张官廉纪念集》，1988年自印版，第44—61页。
[4] 鲁正葳：《工业摇篮》，转自《兰州历史文化》，甘肃人民出版社2007年版，第71—72页。
[5] 鲁正葳：《工业摇篮》，转自《兰州历史文化》，甘肃人民出版社2007年版，第69—72页。
[6] 中共北京市委党史研究室：《燕大举行誓志礼爱国运动周之第一日》，转自《北京地区抗日运动史料汇编》，中国文史出版社1990年版，第104—105页。

定,最后,张官廉顺利毕业并获得理学学士学位。此毕业论文后来由燕大心理学系印制了单行本,内部发行。

燕京大学读书期间,夏仁德先生对张官廉未来的人生道路产生了重大的影响。夏仁德于 1923 年在哥伦比亚大学获博士学位后来华,在燕京大学教授心理学相关课程,曾先后担任过心理学系、教育学系主任,主张大学生为农民服务,改造农村、建设农村。张官廉深受导师夏仁德平民教育思想的影响,在当时国内平民主义教育大潮流的推动下,张官廉大学毕业后就到北平的华北工程学校及机器毛织厂学习毛纺织技术,希望学成后可以在农村大展身手,为改造和建设农村贡献力量。1932 年,冯庸大学①迁至北平,张官廉得知冯庸大学招聘心理学教授,便应聘到冯庸大学教授普通心理学课程。1933 年 2 月,由于需要照顾刚刚丧父的未婚妻王贤琳女士,张官廉就辞去在冯庸大学的教职,应聘到天津南开中学担任教员,教授英语,并利用闲暇时间翻译出版了《父母学》。1934 年张官廉与王贤琳结婚。婚后,为了继续服务农村,实现改造农村的愿望,张官廉携妻离开大城市到山西太原上兰村的私立进山中学(今进山中学)教英语。1935 年 7 月,张官廉为更好地从事农村改造和建设工作,毅然辞去安稳的教师一职,到河北定县晏阳初②创办的平民教育促进会做研究员,进行农村调研和农村教育研究,并在中共地下党员李凯的领导下组织读书会。为了更深入地研究农村小学教育,1936 年 7 月到 1937 年 6 月,张官廉又改任燕京大学教育系助教,在定县从事农村小学教育研究,在朱有光教授的指导下,与人合著了《定县组织教育之科学研究》一书,后由平民教育促进会出版。1936 年 4 月 2 日,中华平民教育促进会和另外 5 家单位(燕京大学、清华大学、南开大学、金陵大学和协和医学院)在山东济宁合作创办了华北农村建设协进会,进行农村改造和建设,并设立实验区培养学生③。1937 年 7 月,张官廉便在农村建设协进会担任助教和教员,指导大学生从事乡村教育工作。通过考察和研究,张官廉对实验区的小学教学和

---

① 由奉系军阀冯德麟(1968—1926)之子冯庸(1901—1981)创办于 1927 年,1932 年迁至北平,1933 年并入东北大学。

② 晏阳初(1890—1990):字东升,四川巴中人,著名教育家,乡村建设家,平民教育运动之父,认为农村的基本问题是民众的愚、贫、弱、私,所以主张实施文艺、生计、卫生和公民教育以图复兴农村。

③ 王先明、徐勇:《华北农村建设协进会述论(1936—1942)》,《历史教学》2015 年第 12 期。

管理提出了自己的看法,并撰写《平民教育促进会江津实验区实验小学教学与训管改革方案试行办法》,后来在 1938 年由星记铅石印刷社印刷出版①。正当农村建设协进会还在探索未来的道路时,抗日战争爆发,张官廉只得跟随后撤的农村建设协进会后撤到贵州省的定番县(今惠水县)。在定番县,张官廉担任教育科督学,并兼任实验小学校长②。

二 与中国"工合"结缘

路易·艾黎 1987 年 12 月 2 日 90 岁生日
(来自《甘肃文史资料选辑 第 35 辑》)

自 1932 年毕业到 1938 年,张官廉在短短 6 年内辗转多地,工作频繁更换,除了动乱的时代背景因素外,他也在思索着自己对国家和社会的责任和使命。作为一名高级知识分子,张官廉面对中国贫穷动乱的社会现状,觉得自己并没有尽到一个知识分子应尽的职责,对自己所走的路充满了疑惑和不满③。所以,在 1938 年 12 月,张官廉辞去乡村建设协进会的工作,在导师夏仁德的推荐下,到重庆参加路易·艾黎(Rewi Alley)④和斯诺夫妇⑤倡导的中国工业合作社运动(以下简称"工合"运动)⑥。张官廉认为,中国在相当长的一段时间内,相比对高级人才的需求而言,时基本的技术人才的需求量可能更大。因此,在中国正处在生死存

---

① 周元正:《抗日战争史参考资料目录(1937—1945)》,四川大学出版社 1985 年版,第 213—214 页。
② 王松山:《张官廉同志与兰州"工合"》,转自《甘肃文史资料选辑》第 35 辑,《路易·艾黎在甘肃》,甘肃人民出版社 1992 年版,第 187—188 页。
③ 王贤琳:《悲欢交织的五十三年》,转自《张官廉纪念集》,1988 年自印版,第 44—60 页。
④ 路易·艾黎(Rewi Alley,1897—1987),新西兰人,"工合"运动的倡导人之一,曾先后担任"工合"总干事,"工合"国际委员会委员,实地秘书,任山丹培黎学校校长,兰州石油技工学校名誉校长等职。
⑤ 埃德加·斯诺(Edgar Snow,1905—1972)美国新闻记者,作家;夫人海伦·福斯特·斯诺(Helen Foster Snow,1907—1997)美国作家,记者,1932 年与埃德加·斯诺结婚,1949 年离婚。
⑥ 鲁正葳:《工业摇篮》,转自《兰州历史文化》,甘肃人民出版社 2007 年版,第 72—73 页。

亡的关键时刻，需要大力兴办的不应该是高等教育，而是初等的职业技术教育。"七七事变"后，我国沿海地区的工业惨遭空前浩劫，工厂内迁又失败，80%以上的工业设备遭到破坏，大批难民和失业者都涌入内地，物资更是奇缺[1]。而中国"工合"运动倡导组织难民和失业者进行半手工生产，建立小规模合作社工业，就地取材，自负盈亏，符合当时的社会现状，因此，张官廉毫不犹豫地投身到这场经济抗战救亡运动中。

虽然中国"工合"运动起初是由国际友人路易·艾黎、斯诺等人发起，但具体工作都是由中国的一些高级知识分子，如张官廉、卢广绵、梁士纯、孟用潜等人负责开展[2]。1939年，张官廉奉派担任四川荣昌县"工合"事务所主任以后，开始积极组织失业工人和难民，将一无所有的荣昌"工合"运动组建起来，先后成立了印刷合作社、纺织生产合作社、瓷器生产合作社、夏布生产合作社[3]。荣昌"工合"运动的蓬勃发展得到了中国"工合"运动领导者的关注，"工合"运动创办人路易·艾黎，顾问戴乐仁（J. B. Tayler）[4]、燕京大学教授赖朴吾（Ernest Lapwood）等人先后到荣昌参观。为了筹集社员的技术培训资金，张官廉写了社员教育计划，通过赖朴吾向美国援华会为荣昌申请到了专项教育基金[5]。当时的荣昌"工合"运动影响极大，宋庆龄于1940年也慕名前去参观荣昌各个生产合作社的生产情况和社员生活[6]。

荣昌"工合"运动的发展推动着整个西南地区的"工合"运动的蓬勃发展，但随之而来的问题是，"工合"运动的人员质量开始跟不上"工合"运动发展的速度，"工合"运动严重缺乏拥有理论和技术的中级及以上的干部人才。为此，1940年，"工合"运动顾问戴乐仁教授在成都金陵大学举办"工合理论讲习班"，并邀请张官廉出任"工合"运动高级干部培训班（后经张官廉建议改名为干部训练班，后又改为"工合"研究所）副主任，除行政工作外，张官廉兼任戴乐仁的

---

[1] 侯德础：《论抗日战争时期的"工合"运动》，《四川师范大学学报》（社会科学版）1983年第4期。
[2] 鲁正葳：《工业摇篮》，转自《兰州历史文化》，甘肃人民出版社2007年版，第71—72页。
[3] 鲁正葳：《工业摇篮》，转自《兰州历史文化》，甘肃人民出版社2007年版，第71—72页。
[4] 戴乐仁（J. B. Tayler，1878—1951）：英国人，曾担任天津新学书院教师、院长，1919年任燕京大学经济系教授、主任，后协助创建了中国工合组织。
[5] 鲁正葳：《工业摇篮》，转自《兰州历史文化》，甘肃人民出版社2007年版，第71—72页。
[6] 王贤琳：《忆我同路易·艾黎创办兰州培黎学校的始末》，转自《甘肃文史资料选辑》第40辑，《近现代名人在甘肃》，甘肃人民出版社1995年版，第194—195页。

助手和翻译，并承担了为大学毕业生和"工合"运动的工作人员讲授的合作教育等课程，先后为"工合"运动培训了许多中高级技术人员[①][②]。1941 年 11 月成都训练班事务结束后，戴乐仁与张官廉到兰州办"工合"运动培训班时，恰逢兰州"工合"事务所主任薛觉民[③]离职，张官廉便留在兰州担任中国工业合作社协会西北区兰州事务所主任[④]。

兰州"工合"事务所创立于 1939 年 3 月，张官廉接任主任后，将兰州的"工合"运动推进到一个新阶段[⑤]。1942 年春，张官廉将家人从四川接到兰州后，全身心投入西北地区"工合"运动事业中。为了让"工合"运动员工全身心地投入，在兰州，张官廉又先后成立了卫生医疗短期训练班、"工合"医疗所、"工合"托儿所等机构，甚至为了设计、生产、运输等物流环节顺畅，还成立了兰州"工合"研究所、合作实验厂、联合社以及供销处。为了使"工合"运动资金管理规范化，账目清晰，还举办了合作社会计培训班。张官廉的一系列举措让兰州的"工合"运动发展迅速，贫穷落后的兰州变成了"工合"运动推行最好的地方；同时，在他的不懈努力下和国际友人路易·艾黎的支持下，兰州变成了中国"工合"运动的大本营，开始引领全国的"工合"运动[⑥]。为了培训更多的技术人才以支持"工合"运动，1942 年 9 月，张官廉和路易·艾黎以及埃德加·斯诺在兰州黄河北岸的穆柯寨[⑦]共同创办了中国工业合作协会兰州培黎工艺学校，以美国传教士约瑟夫·培黎（Joseph Baillie）[⑧]命名，一方面是为了纪念他对中国培训教育事业的贡献；另一方面也是因为培黎老人注重实际的教育思想与创办培黎学校的初衷相符[⑨]。兰州培黎学校建立后，校长由张官廉担任，其妻王贤琳任校

---

① 《南大百年实录》编辑组：《南大百年实录——中央大学史料选（中卷）》，南京大学出版社 2002 年版，第 225—226 页。

② 靳东岳：《张官廉同志与兰州"工合"》，转自《甘肃文史资料选辑》第 35 辑，《路易·艾黎在甘肃》，甘肃人民出版社 1992 年版，第 187—188 页。

③ 薛觉民：社会活动家，张官廉的同学和同乡，1932 年毕业于燕京大学，1939 年，创建兰州"工合"。

④ 鲁正葳：《工业摇篮》，转自《兰州历史文化》，甘肃人民出版社 2007 年版，第 73—74 页。

⑤ 鲁正葳：《工业摇篮》，转自《兰州历史文化》，甘肃人民出版社 2007 年版，第 74—75 页。

⑥ 鲁正葳：《工业摇篮》，转自《兰州历史文化》，甘肃人民出版社 2007 年版，第 74—75 页。

⑦ 位于兰州赵家庄一带的山坡上。

⑧ 约瑟夫·培黎（1860—1936），爱尔兰血统的美国传教士，1891 年来中国，1936 年前回国，主张植树造林和技术培训，曾创办了南京大学农学院。

⑨ 张官廉：《路易·艾黎与山丹培黎学校》，转自《文史资料选辑》，文史资料出版社 1982 年版，第 195—196 页。

务主任和教导主任[①]。招收的学生大多是孤儿或家庭贫困的孩子。张官廉出任培黎学校校长期间，遵循"创造分析，手脑并用"的校训和办学原则以及"勤俭互助，自立立人"的精神，努力践行脑力与体力相结合的思想，实行半工半读，每天上午是理论知识学习，下午带领学生到各个车间实习，并且定期更换工种，使每一个学生都掌握多种技能。由于这种教学模式与当时的社会现状非常契合，因此，当时的兰州培黎学校不仅生产了大批军需民用物资，还为"工合"运动培养了一大批懂理论、会操作的中级技术人才。正如我国著名教育家陶行知评价"工合"运动时说，"工合运动不仅是一个生产运动，而且是一场伟大的教育运动"[②]。兰州培黎学校的这种理论与实践相结合的教学方式，在中国近代教育史上可以称得上是一大创举，同时，也是20世纪40年代的"希望工程"[③]。

兰州培黎工艺学校的建立和"工合"运动的蓬勃发展符合当时的国情，在争取外援、组织难民、物资供给等方面有着不可磨灭的贡献。加之张官廉和艾黎等人在国内和国际上的大力宣传，兰州的培黎工艺学校和"工合"组织曾在一段时期内蜚声海内外，甚至受到当时国家领导者和国际各方的广泛关注。据统计，1942年到1946年的5年时间里，先后有25位国际友人到兰州参观访问或加盟工合事业[④]。

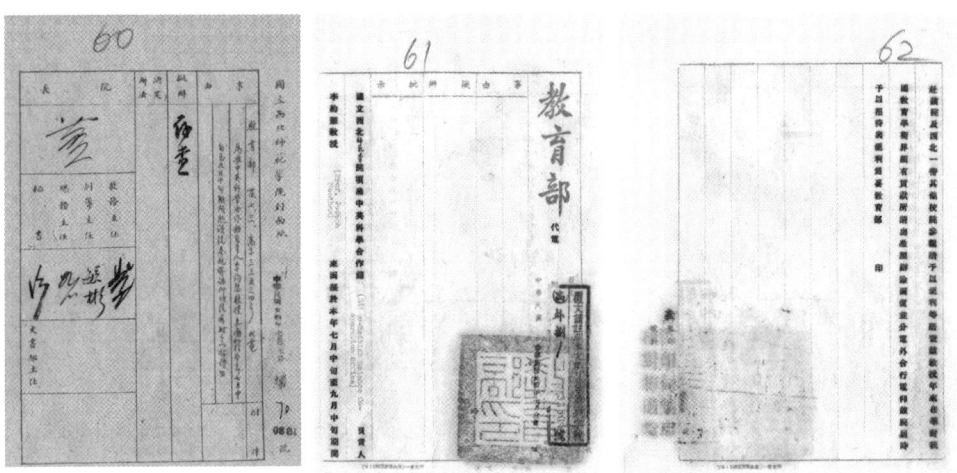

李约瑟教授到国立西北师范学院参观的代电（西北师范大学档案馆）

---

① 王贤琳：《忆我同路易·艾黎创办兰州培黎学校的始末》，转自《甘肃文史资料选辑》第40辑，《近现代名人在甘肃》，甘肃人民出版社1995年版，第184—201页。
② 华中师范大学教育科学研究所：《陶行知全集》，湖南教育出版社1992年版，第526—527页。
③ 鲁正葳：《工业摇篮》，转自《兰州历史文化》，甘肃人民出版社2007年版，第74—75页。
④ 鲁正葳：《工业摇篮》，转自《兰州历史文化》，甘肃人民出版社2007年版，第74—75页。

1943年8月，英国的著名学者李约瑟（Joseph Needham）到兰州考察战时的科学技术现状并参观"工合"，还向兰州培黎学校捐赠了许多仪器设备（有器械、天平、绘图仪器等）。由于张官廉精通英语，当时便由其负责接待李约瑟，担任翻译和介绍工作。李约瑟参观访问国立西北师范学院（今西北师范大学）并做讲演时，张官廉进行现场翻译[1]；李约瑟参观"工合"和兰州培黎学校时，张官廉便用英语做介绍[2]。参观结束后，李约瑟对张官廉——这个讲着一口流利英语的知识分子；这个一肩挑着"工合"运动重任，一肩担着培黎学校重任的主要负责人；这个不畏艰难困苦，扎根大西北，与"工合"运动同呼吸共命运的汉子——产生由衷的敬佩。为了更多地了解兰州"工合"运动和培黎学校，李约瑟退了宾馆房子，径直搬去张官廉家居住，与张官廉宛若一家人，时常畅谈到深夜，从此与张官廉结下了深厚的友谊。李约瑟43岁的生日宴会也是张官廉夫妇为其举办庆祝的。所以，对此次的兰州之行，李约瑟终生难忘，他在1991年给王贤琳女士的信中还提及此次甘肃兰州之行。通过张官廉，李约瑟对兰州"工合"运动和培黎学校有了深入了解，在他后来出版的《科学前哨》（Science Outpost）[3]一书中对此次的考察活动进行了详细的描述和介绍。不仅如此，之后李约瑟还通过"工合"国际协会给兰州培黎学校提供了不少的援助，甚至资助了培黎学校的两个学生（李万盛和孙光俊）去英国留学，学习纺织技术。而且，张官廉的妻子——时任培黎学校教务主任的王贤琳女士为了增进东西方的学术交流，还不失时机地向李约瑟介绍了当时国立西北师范学院的周肇基、方孝博、凌洪龄、孙寿康等教授和研究者，并且将他们的论文和著作寄给李约瑟请求指教[4]。

1944年6月，美国副总统亨利·华莱士（Henry Agard Wallace）访华，途经兰州。由于培黎学校在国际上的声誉，华莱士和他的高级随员欧文·拉铁摩尔（Owen Lattimore）、约翰·文森临时决定参观兰州的"工合"运动和培黎学校。于是，张官廉再次出任翻译，向华莱士详细介绍了兰州"工合"运动事业的发展

---

[1] 张文琳、杨尚鸿、张珂：《国际友人与中国文化教育编年史略》，中国文史出版社2016年版，第615—616页。
[2] 周肇基：《李约瑟在甘肃的科学考察活动》，《中国科技史杂志》1989年第1期。
[3] Needham Joseph: *Science outpost*, London: The Pilot Press, 1992, pp. 526-527.
[4] 王贤琳：《我和李约瑟博士的交往》，转自《甘肃文史资料选辑》第35辑，《路易·艾黎在甘肃》，甘肃人民出版社1992年版，第161—166页。

和培黎学校的建设、运行和发展等情况。后来拉铁摩尔还专门写文章报道了兰州培黎学校并向其捐赠了一些新机器[1]。

1944年7月中旬，昆明《中央日报》特派员袁炜来兰州对兰州"工合"运动事业和培黎学校进行采访并报道[2]。1944年7月到8月，苏联记者路斯·瑞和彼得·欧斯参观了兰州培黎学校和生产合作社后，在《密勒氏评论报》上发表文章报道兰州的"工合"运动事业和培黎学校，对张官廉领导下的工作予以充分的肯定[3]。1944年7月，英国工党议员乔治·胡特和工程师弗拉格来兰州访问，并向培黎学校捐赠20多套精密仪器[4]，张官廉便再一次充当翻译员和介绍员。随后胡特一行去河西走廊参观，张官廉也是随同前往做翻译和介绍。从河西走廊回来后，张官廉在国立西北师范学院做了一场关于英国合作运动的演讲和一场以心理学为主题的演讲，以此向学生介绍国际上的"工合"运动事业发展状况和心理学的重要性。

1945年7月，著名的山丹培黎工艺学校[5]校长乔治·艾温·何克[6]因破伤风去世，校长一职便由张官廉兼任。为了提升山丹和兰州两个培黎学校的合法化地位，1946年6月，张官廉、艾黎、张心一等人经过一系列努力，成立了山丹、兰州培黎学校董事会，张官廉是董事会成员之一[7]。同年8月，张官廉和王贤琳夫妇受邀赴美国和加拿大对工农合作技术和教育进行考察和学习，《纽约时报》为此还提前专门刊登照片报道了他们二人访美的消息。在到达美国之前，途径香港时，张官廉夫妇受会督何明华（Ronald Owen Hall）[8]的邀请，在香港用英语作了

---

[1] 王贤琳：《忆我同路易·艾黎创办兰州培黎学校的始末》，转自《甘肃文史资料选辑》第40辑，《近现代名人在甘肃》，甘肃人民出版社1995年版，第184—191页。
[2] 袁炜：《纪念官廉先生》，转自《张官廉纪念集》，1988年自印版，第25—26页。
[3] 王贤琳：《忆我同路易·艾黎创办兰州培黎学校的始末》，转自《甘肃文史资料选辑》第40辑，《近现代名人在甘肃》，甘肃人民出版社1995年版，第184—191页。
[4] 鲁正葳：《工业摇篮》，转自《兰州历史文化》，甘肃人民出版社2007年版，第74—75页。
[5] 1942年，由路易·艾黎和乔治·艾温·何克等人在陕西凤县双石铺创办。1944年迁至甘肃山丹。1953年迁往兰州市安宁区十里店邱家湾，改名为培黎石油技工学校。2003年，培黎石油技工学校合并到兰州师专。2006年，兰州师专升格为本科层次的兰州城市学院。
[6] 乔治·艾温·何克（George Alwin Hogg，1915—1945），英国人，著名的和平主义者莱斯特的侄子，1938年1月来华，1941年春担任双石铺培黎工艺学校的教导主任，1945年7月22日因破伤风在山丹去世。
[7] 张官廉：《路易·艾黎与山丹培黎学校》，转自《文史资料选辑》，文史资料出版社1982年版，第195—196页。
[8] 何明华（1895—1975）是香港圣公会第7任英籍会督，也是中华圣公会港粤教区主教。

关于兰州"工合"事业和兰州培黎学校的演讲，反响热烈，收到了一些香港富豪的捐款。同时，张官廉还用英语撰写了3份关于此次演讲内容的报告，分别交给了"工合"国际协会、"工合"总会和"工合"美国促进会[1]。到达美国后，著名女记者海伦热情地接待了张官廉夫妇二人，并且还联系安排广播电台，让张官廉夫妇就兰州的"工合"运动和培黎学校的情况向美国民众进行广泛的介绍和宣传。在美期间，张官廉参加了全美援华活动和太平洋学会的茶话会，参观了一些水电站、工业展览馆、黑人合作社；访问了美国工人家庭，同时，张官廉还在美国工会促进会作了多次募捐讲演。次年8月，张官廉携夫人回到兰州。因国内通货膨胀和国际援助减少，张官廉夫妇二人募捐到的资金对于兰州"工合"运动事业来说就是杯水车薪，根本维持不了日常开销，兰州培黎学校无法运转下去，于1947年夏天被合并到山丹培黎工艺学校。

两校合并以后，张官廉便辞去山丹培黎学校校长之职，由甘肃省建设厅长张心一兼任[2]。为了不再依靠国外捐款度日，也为了周围流浪儿童能有学可上，张官廉带领众人靠着自力更生在兰州培黎工艺学校原址上开办了培黎小学，招收周围流浪和失学儿童，并开办地毯、纺织两个合作社，从事工农业生产，以求自给自足[3]。1949年年初，张官廉看到黄河岸边用于灌溉的大水车坏了，张官廉便带领着吴濂工程师及教职工和学生，潜心钻研，于1949年秋设计制造出来链式抽水机，又名"8·26"抽水机，以此纪念兰州解放。此水车曾受到当时的甘肃省省长邓宝珊以及中央访问团西北分团团长沈钧儒和萨空了等人的称赞[4]。兰州解放后，张官廉曾被邀请为甘肃省首届临时人民代表大会的列席代表出席会议。1952年"工合"宣告停止活动后[5]，张官廉被安排在甘肃省合作干部学校工作，

---

[1] 王贤琳：《忆我同路易·艾黎创办兰州培黎学校的始末》，转自《甘肃文史资料选辑》第40辑，《近现代名人在甘肃》，甘肃人民出版社1995年版，第195—196页。

[2] 中国人民政治协商会议全国委员会：《文史资料选辑（合订本）》，中国文史出版社2011年版，第380—381页。

[3] 王钱国忠、钟守华：《李约瑟大典——传记学术年谱长编事典（下）》，中国科学技术出版社2012年版，第842—842页。

[4] 王松山：《张官廉同志与兰州"工合"》，转自《路易·艾黎在甘肃》，甘肃人民出版社1992年版，第185—186页。

[5] 袁宝华、翟泰丰：《中国改革大辞典中：公元前21世纪—1992年》，海南出版社1992年版，第988—989页。

担任教务主任，负责计划统计研究工作，讲授合作概论和计划统计学[1]。"三反"运动开始后，张官廉被调到合作局计划统计科工作。

三 在西北师范大学的学术生涯

1944年9月到1945年5月，还在"工合"运动身兼数职的张官廉就已经在当时的国立西北师范学院（今西北师范大学）教育学系教授社会心理学课程，并被聘请为公民训育系教授[2]。1952年8月，张官廉被国立西北师范学院教育系正式聘为教授，担任儿童心理学、普通心理学、社会心理学、心理卫生、小学教学法、合作教育等课程的主讲教师。1951年，西北师范学院教育系成立了心理学研究组[3]。1955年，张官廉开始担任心理学研究组主任。在1957年6月，《国立西北师范学院院报》正式创刊后，张官廉曾在一段时期内担任该报编委会委员[4]。

新中国成立后，国立西北师范学院为了提高教师质量，实行校内培养、校外进修双管齐下的计划。为此，1953年12月至1955年7月，西北师范学院特派张官廉到北京师范大学参加教育部主办的心理学进修班学习[5]。在学习期间，张官廉担任进修班主席，系统地学习了苏联心理学家斯·阿·彼得鲁舍夫斯基教授讲授的"心理学的哲学基础和自然科学基础"课程[6]。这次学习使张官廉更深入地了解了巴甫洛夫的交替反射学说，找到了心理学的生理基础。此后，张官廉为了更多了解和翻译苏联心理学方面的论述和专著，年近"知天命"之年的张官廉决心开始学习俄语。在北京师范大学进修期间，由于张官廉成绩优秀，表现突出，时任北京师范大学校长的陈垣[7]找张官廉谈话，希望他留在北师大教育系

---

[1] 王钱国忠、钟守华：《李约瑟大典——传记学术年谱长编事典（下）》，中国科学技术出版社2012年版，第842—842页。
[2] 刘基、王嘉毅、丁虎生：《西北师范大学校史（1902—2012）》，教育科学出版社2012年版，第144—145页。
[3] 刘基、王嘉毅、丁虎生：《西北师范大学校史（1902—2012）》，教育科学出版社2012年版，第672—673页。
[4] 王贤琳：《悲欢交织的五十三年》，转自《张官廉纪念集》，1988年自印版，第44—60页。
[5] 刘基、王嘉毅、丁虎生：《西北师范大学校史（1902—2012）》，教育科学出版社2012年版，第246—247页。
[6] 《北京大学哲学系史稿》编委会：《北京大学哲学系史稿》，教育科学出版社2004年版，第40—41页。
[7] 陈垣（1880—1971）：我国著名的教育家、历史学家、宗教史学家，曾经在1926—1952年出任辅仁大学校长，1952—1971年，任北京师范大学校长。

担任全国研究班心理学主讲教授。国立西北师范学院院长徐劲[①]听到消息,立即与张官廉沟通,希望他留在国立西北师范学院[②]。最后,张官廉为了西北地区心理学科的发展,毅然决然地回到兰州,回到国立西北师范学院教授心理学。经过在北京师范大学的进修,张官廉对条件反射学说很是推崇,经过反复的研究和实验,1958 年,张官廉与教育系的李建周教授及陶崇明教授一起设计制造了"条件反射实验器",此发明曾先后在甘肃省科技会和北京的全国科技展览会上展出,获得许多称赞。1965 年,甘肃师范大学(国立西北师范学院 1958 年 11 月改名为甘肃师范大学)教育系停办后[③],张官廉被调到外语系任副教授。当时懂英语的人才稀缺,为了英语教学事业的发展,张官廉亲自编写英语口语教材。"文化大革命"开始后,张官廉被错误地划为"国际间谍",被禁止参与教学活动,但他依然坚守一名知识分子的本分,恪尽职守,除了体力劳动外,边学习边对一些文献进行翻译。1972 年后,张官廉身体开始出现不适,但他还是坚守岗位,坚持完成自己的各项教学和翻译工作。1974 年到 1979 年,张官廉与同事合译联合国文件,为了以后同事们翻译的方便,张官廉就撰写了一本专门用来翻译联合国文件用的参考手册。"文化大革命"结束后,张官廉的冤情得以平反,被恢复了正常的教学活动。1978 年,张官廉病情危重,已失去行走能力,但他为了不耽误学生的课程学习,就请学生来家里继续授课。1980 年,张官廉病情危重,被迫停止教学活动。1984 年张官廉卧床不起,生活已不能自理,全靠妻子王贤琳及家人照料。1986 年 11 月 18 日,张官廉与世长辞,享年 80 岁。

四 对教育学和心理学科发展的贡献

除了对西北"工合"运动的贡献和促进中西文化交流之外,张官廉对促进西北地区心理学的推广和发展也做出了重要贡献。张官廉早期于燕京大学心理学系毕业,但后期所从事的大部分工作基本是脱离其所学专业的,直到 1952 年

---

① 徐劲(1894—1982):历任西北大学教授兼秘书长、西北师范学院院长、中国科学院兰州分院副院长、西北分院院长等职。
② 李建周:《怀念良师张官廉先生》,转自《张官廉纪念集》,1988 年自印版,第 33—34 页。
③ 刘基、王嘉毅、丁虎生:《西北师范大学校史(1902—2012)》,教育科学出版社 2012 年版,第 672—673 页。

被西北师范学院聘为副教授教授心理学相关课程，才算"重操旧业"。张官廉于1932年燕京大学毕业到新中国成立，在短短的二十年间，见证了中国一系列剧烈的革命运动，是中国近代以来最动荡的岁月，从14年抗日战争到3年解放战争，这一时期内，中国人民生活在水深火热中，饥饿、战争和灾荒到处肆虐，普通大众主要考虑的是吃饱穿暖的问题，而非心理的问题。所以，张官廉顺应社会需求，积极参加"工合"运动，组织失业工人和难民，生产军需民用物资，大力支援抗日战争，不仅为抗日战争提供了经济动力和支持，还为一部分失业人员提供了就业机会，同时也赈济了一大批难民，所以，"工合"运动曾在这一时期内发挥了重大作用，正如宋庆龄所说："再没有别种运动能比中国工业合作协会更为应时和重要了。"[1][2] 同时，张官廉与国际友人路易·艾黎等人创办培黎工艺学校，不仅为"工合"运动培养了一大批中高级技术人员，还招收了许多贫困儿童和孤儿，上午教他们识文断字和一些理论知识，下午带他们组织生产，自力更生。作为一校之长，张官廉的这种坚持课堂教学和课外实践相结合的教育方式，放至今日，也是很多教育家一直思索和探讨的主题。所以，无论是教育理念、教育思想，还是教育方式方法，培黎工艺学校在当时都算是一大创新。而在他的这些创新中，依然能看到早期心理学知识的潜在影响。

虽然在张官廉的职业生涯中，有将近二十年的时间从事的是与自己专业并不一致的工作，但张官廉从未失去对心理学的热爱和追求。早年在天津南开中学教英语之时，他就曾利用闲暇时间翻译了美国儿童心理学家阿利特（A. H. Arlitt）的《父母学》，并于1934年4月由中华慈幼协会出版。这本书主要从心理学角度讲解了儿童的情感、态度、思维等的含义和特点，并提供了一些克服孩子不良习惯和错误情绪反应的方法和建议。此书原英文名为 *Child from One to Six*；*Psychology for Parents*，张官廉将书名译成《父母学》，其目的在于提示为人父母也是一门学问，而非生来就会，强调在做父母之前应该具备当父母的资格，具有一定的心理学知识和技能。我国著名的儿童心理学家陈鹤琴曾在此书的序言中称赞此书翻译出版得及时，并评价此书说，"有科学的根据，有革命性的建议，有

---

[1] 杨树标、杨菁：《宋美龄传》，浙江大学出版社2010年版，第141—142页。
[2] 宋庆龄：《中国工业合作社的意义》（1939年12月英语广播稿），转引自《培黎石油学校发展史》，兰州八一印刷厂制版印刷1992年版，第12页。

适当而丰赡的例证",他建议为人父母者或准备为人父母者应该人手一本此书,进行研究和学习。关于"父母资格"的问题,我国心理卫生的开拓者章颐年(又名章仲子)亦很认同张官廉的观点,在其早期的著作《心理卫生概论》中就提到过"父母资格""父母学"等问题,并引用了张官廉的译作[1]。张官廉对家庭教育非常关注,强调父母正确的教育对儿童人格健全发展非常重要。他曾说:"儿童在生理上是父母二人的结晶,在他的人格里,也应有父母二人对等的成分。"[2] 因此,张官廉认为父母在儿童的健全人格发展过程中缺一不可。此观点虽于近百年前提出,但放之今日,亦未过时。他进一步提出,父母缺席的家庭或原生家庭结构失衡是个体心理健康问题的主要来源。

正因为较早意识到儿童教育的重要性,张官廉其后在太原进山中学当教员时又翻译了德国著名的精神分析学家阿德勒的著作《儿童之教育》[3],此书由我国著名的近现代教育家瞿世英作序,并于1937年6月由上海中华书局出版,1940年10月再版。虽然在1937年3月,包玉珂也翻译出版了阿德勒的这本书,并译名为《儿童教育》,分上、中、下三册,由商务印书馆出版,同年6月再版,但通过对比发现,在文字翻译上,张官廉译本的语言更流畅,可读性更强,而且张官廉的译本对专有名词都标注了对应的英文名。基于其可读性和学术性,张官廉的译本在后来一段时期内充当着国内学者了解儿童教育时的必选文本。乔建中教授曾评价此书为"它对我国的儿童心理与教育研究的发展起到了重要的推动作用,也正是通过该书,我国学者开始了解阿德勒和他的个体心理学"。[4]

张官廉精通英语,通晓俄语,勤奋好学,接受新事物能力强。在被西北师范学院聘为心理学副教授后,张官廉积极从事教学和翻译工作。1955年,张官廉在北京科技出版社发表了3篇俄译汉的心理学文章;在北京师范大学进修期间,张官廉曾与北师大心理学教研组合编心理学教材,1957年由中华书局出版[5];1957年6月,《国立西北师范学院院报》正式创刊后,人文科学版全年仅有

---

[1] 章颐年:《心理卫生概论》,见《章仲子文集》,社会科学文献出版社2018年版,第107—126页。
[2] 张官廉:《现代父母与儿童》,载《现代父母》1933年第3期,转引自《心理卫生概论》,东方出版社2013年版,第135页。
[3] 即阿德勒成书于1930年的《儿童的人格教育》。
[4] 乔建中:《中外教育经典名著速读》,安徽人民出版社2009年版,第131—132页。
[5] 袁炜曾回忆说可能是詹姆斯的《心理学》。

1期，共120页，除徐劲院长的发刊词外仅有9篇学术论文，张官廉的译文《心理学与教育》是其中唯一的涉及心理学和教育学的文章[1]。到1958年，张官廉在《国立西北师范学院院报》上已发表多篇心理学和教育学相关的译文和文章。

从民国到新中国成立，从抗日战争到解放战争，从"大跃进"到三年困难时期再到党的十一届三中全会，张官廉一生的跌宕起伏和职业生涯的变化，都充满了深深的时代烙印。在兰州"工合"运动时期，张官廉积极组织工人生产军需民用物资，支持抗战，是名副其实的中国"工合"运动领导者和践行者；在兰州培黎学校，张官廉作为一校之长，大力倡导理论与实践相结合的教学方式，培养了一大批技术人才，成为特殊社会背景下中国教育事业的探索者；在西北师范学院教育系，他鞠躬尽瘁，为了西北地区的教育事业和心理学科的发展，翻译和出版了大量心理学相关的外文文章，在国内外报刊上发表的论文和出版的著作、译著有20余篇、部（由于年代久远，很多相关的英文已经查找不到），字数达百万[2]。尤其是儿童心理和心理卫生以及家庭教育方面的文章、著作和译著，为我国早期父母教育和心理卫生的发展奠定了基础，也为我国心理学科早期的发展做出了不可磨灭的贡献。

舒跃育、汪李玲

2020年6月

---

[1] 马宇红：《中国大学学报发展简史》，甘肃科学技术出版社2013年版，第216—220页。
[2] 王松山：《悼词》，转自《张官廉纪念集》，1988年自印版，第1—2页。

第一编

《父母学》全译本

序[1]

18世纪末，普鲁士之教育家柴尔紫芒[2]有曰："家庭教育之所以废弛，其罪皆在于父母；而父母初不自知也。今欲使儿童归真去恶，必先使父母认识儿童之本性，并所以栽培之方，然后始能准备改良其家庭教育。"而英国之哲学家斯宾塞亦有曰："今有人焉，对于算术簿记之道毫无所知，即贸贸然开始营商，吾人必笑其愚矣，而断其结果必无幸。更有人焉，对于生理学解剖学毫无所知，即贸贸然为病者操刳腹破背之事，吾人必斥其狂易谬妄，草菅人命，而为彼病者不胜悬惴悲怜之至。乃今之为父母者，对于教养儿童之道毫无所知，即贸贸然育儿生女，而担任此教养儿童之艰巨工作，岂不更令吾人对于当事者表示无限之惊愕，对于受害表示无限之怜惜乎！"诚哉斯言！至哉斯言！于以知教养儿童实有赖夫智识，故未可贸然从事也。质言之，即凡为父母者（以及准备为父母者），如欲胜任教养儿童之艰难工作，非欲有父母学之素养不可也。

晚近二十年来，欧美各国对于父母教育之推行，盖不遗余力：其在社会方面，有儿童幸福研究会、父母教育研究会、父母与教师联合会、父母会、母亲会等之组织；其在大学校方面，有家政学院、儿童研究学院、儿童幸福研究所、儿童行为诊察所、儿童教养及父母教育系之建立；其在普通男女中学方面，有儿童教养科、父母教育科、儿童教养讲习班、小母亲讲习会等之制定；其他，更有特别为女子设立之学校，如家政学校、母亲学校、母道与家庭训练学校，等等，莫不有其相当之成绩表现。近观我国数千年来，一般为父母者，因误解孟子"未有学养子而后嫁"之言，故对于人生必为父母之道，向来不加请求与预备，任意生产，不知担负责任，其生而不知养，养而不知教，教而不得其当者，盖比比皆

---

[1] 《父母学》一书作者为［美］亚丽德（A.H.Arlitt）（今译阿利特），张官廉译，中华慈幼协会，1934年4月出版；正文共166页，原著为：*Child from One to Six*；*Psychology for Parents, April, 4*, 1931。序言作者为许建屏，中华慈幼协会总干事，中华慈幼协会主办期刊《现代父母》发行人。

[2] Gotthilf Salzmann, 1744—1811，今译作萨尔兹曼。——编者注。

是；何所谓儿童之生理，何所谓儿童之心理，何所谓儿童之正当的人生观，彼等固茫茫然也；彼等所仅知者，即"开口就骂，伸手就打"之传统的教养儿童恶习耳。彼等居常所勉励儿童者，无非做大官，觅厚禄，显祖扬亲，光大门楣。驯至养成儿童"先家后国"之心理，只知为一姓一家而奋斗，而不知为社会奋斗，为国家奋斗。其贻害于我社会国家者曷可胜道！

本会[①]目击时艰，深信欲救中国，非先养成健全之儿童不可，而欲养成健全之儿童，尤非先养成健全之父母不可，故尔对于中国之父母教育，颇加注意，未敢告劳也。曩会呈请国府，规定四月四日为中国儿童节。并发行《现代父母月刊》，制拟父母教育挂图，藉以唤起国人之觉悟。兹更出版美国圣星奈德大学儿童心理学教授亚丽德博士所著《父母学》之译本。藉供给男女学校学生、一般为父母者，以及一切研究父母教育者之采用。该书文笔素洁，生动活泼，而又处处以儿童的心理作根据，以具体的实例作解释，尤为别开生面，出色当行之作。倘我国一般为父母者，均能人手一编，知而实行，则我国之父母教育必有长足之发展。而我国之光明前途，亦可于斯觇之矣。

是为序。

许建屏
中国第三届儿童节[②]

---

① 指中华慈幼协会。
② 即1934年4月4日。——编者注。

序　二[①]

　　所谓父母学，说得明白些，就是一种教人怎样当父母的学问。我们想要当个医生，就得先学学医学、药学；想要当个律师，就得先学学法理法律；想要当个工程师，就得先学学工程学、建筑学；推而至于想当个汽车夫，也得先学学开汽车的方法；想当个皮鞋匠，也得先学学做皮鞋的方法……独至于当父母这件事，难道就不需要先学习学习吗？

　　怎样能使儿童甘心服从？儿童为什么要反抗父母？为了什么缘故，我们可以奖赏儿童？什么是奖赏儿童的安全方法？为了什么缘故，我们应该刑罚儿童？什么是刑罚儿童的妥善方法？父母当如何帮助儿童打破坏的习惯，建立好的习惯？在儿童发脾气的时候，或互相争吵的时候，父母应该怎么办？儿童的惧怕心理是怎样形成的？父母当怎样帮助儿童克服此种心理？儿童的思想路径是怎样的？父母当怎样发展其思想的能力？哪一些玩具与游戏，是最适合于儿童的？父母当怎样帮助儿童养成善用金钱的习惯？当怎样应付年长儿童的各种需要？——对于这些重要的问题，试问，你都能毫无疑义地回答出来么？否则，那你就还得去研究这些问题；换句话说，你就还得去学习学习父母学——因为上面所列举的各种问题，都是在父母学范围之内的。

　　儿童是未来世界的主人翁，当父母者，便是他们最初的导师。他们的性情，有无限量发展的可能，如长江大河，决之东则东流，决之西则西流。他们对于世界上的一切毫无成见，犹之乎一张白纸；最初在这纸上涂色的，便是他们的父母；这最初的色永不能涂去，是后来所添上的一切色的底子、基础。父母现在的教训，便足以形成儿童一生的品格，父母现在的暗示，便足以决定世界的未来气运。人类、世界——全是在当父母者的掌控中，这责任是何其重，这权威是何

[①] 序二作者为陈鹤琴（1892—1982），中国著名儿童心理学家、儿童教育家，中国现代幼儿教育奠基人。曾先后在南京高等师范学校、东南大学、南京师范学院任教。——编者注。

其大呢！这么说来，为父母者更不可不研究父母学了。

然而可惜得很，在过去，我们就始终没有一本比较近乎理想的父母学著作，于是在提倡者与研究者的双方面，都感觉到莫大的困难。怎样算是一本比较近乎理想的父母学著作呢？我以为那要具备下面所列三个条件：一是有科学的根据，二是有革命性的建议，三是有适当而丰赡的例证。盖向壁虚造、凭空杜撰者，为我所不取；人云亦云，老生常谈者，为我所不取；徒有理论，偏重空想者，亦为我所不取。——当然，一本著作要具备这三个条件，那不是一件容易的事。

可是，我们这向来的缺憾，现在已经有中华慈幼协会给我们填补上了——因为她现在所发行的这本《父母学》，我看了好几遍，认为果然已经具备我所列举的三个条件了，果然可以称得起一本比较近乎理想的了。这本书的原著者亚丽德博士，是美国圣星奈德大学的儿童心理学教授，书中所述，完全以儿童之心理为依据，至于所提出的儿童训练方法，亦深合于儿童心理原则，可以说是有科学的根据了；著者在若干场合，主张父母与儿童合作，共同遵守家庭纪律，禁止恐吓儿童，禁止以奖赏贿赂儿童为善，禁止替儿童做事，禁止使儿童成为家庭注意的中心，禁止对儿童作片面的残酷的戏弄，要养成儿童"为正义而发怒"的性格，不要过分地干涉儿童的争吵，对于年长的儿童，父母应多用请求的语气，少用命令的语气，倘若父母与儿童发生争执，应以和平的手段，与他们作公平的谈判，如儿童站在对的方面，父母应该尊重他的主张，采纳他的意见，父母应与儿童做朋友，不可任意表示父母的权威等等，可以说是有革命性的建议了；并且，本书不尚理论，不重空想，处处举出具体的实际的事件，以作说明，又可以说是有适当而丰赡的例证了。除了符合上述三个条件之外，本书著者的文笔，又是那么地朴实、生动、有趣味，更可以称为通俗的现代名著了。如今中国的出版界竟有了这样的一本书，我们应该为中国的父母庆！应该为中国的儿童庆！

此书出版后，我希望中国的为人父母者，以及准备为父母者（快要结婚的男女青年），都能人手一编，好好地研究一下，学习一下。我知道，中国会由此而增加无数贤明的父母、现代的父母、懂得教养儿童之艺术的父母！我更知道，中国会由此而产生无数健全的儿童、科学的儿童、能够为中华民族之解放而努力奋斗的儿童！

我坚决地相信：父母教育是儿童教育的基础。中国哪一天有了美满的父母教育，然后才会有美满的儿童教育！

陈鹤琴

[民国]23.4.4，儿童节①

---

① 即1934年4月4日。——编者注。

目　次

第一章　　儿童的服从 025
第二章　　惩罚与奖赏 036
第三章　　好习惯和坏习惯 044
第四章　　睡眠、休息、排泄等习惯 056
第五章　　吃饭的习惯 063
第六章　　发脾气与争吵 069
第七章　　儿童的惧怕 075
第八章　　统治情绪的训练 083
第九章　　儿童的想象 089
第十章　　儿童怎样思想 096
第十一章　玩具与游戏 101
第十二章　关于用钱 110
第十三章　年长儿童的训练 116
第十四章　年长儿童的问题 123
第十五章　现代的父母 128
附录　　　父母资格之测量 135

第一章　儿童的服从

现代的父母亲，无论如何注重儿童之自由，但总该承认这个事实，就是最好的自由是儿童对于合理的命令学会了服从而来的。服从的目的乃是为保护儿童，也是使他们养成自治的能力，并不是只为大人们在家里可以减少些麻烦。父母若存有此种态度，是因为他们固执己见，总想小孩子是应该听话的。理由是因为他是小孩子的时候，父母喜欢要他听。结果把他的自主能力失掉，或是启发他的反抗力，对于一切命令都不听从了。甚至巧妙地命令他，也是枉然。

甘心的服从，是要儿童与大人们合作的。就是定好一种规矩，大家遵守。此种规矩是为全家的幸福而设的。合作的服从，乃是使儿童适合于家庭团体生活，同时，也允许他有充分的自由，在不妨碍家庭全体幸福的范围内，使他发展他自己的才能。

有许多方法，可以得到儿童的合作，因此教导他服从很容易。定一日程表，如吃饭、睡觉和休息等，是方法的一种。主张按时做事，有两种理由。小孩子可以养成一个整齐的节奏。到时就吃饭，也正因为饿了。睡觉、上厕所也是如此。到时吩咐他做，也少有反抗。如果小孩子知道什么时候做什么，反抗的事，也就很少了。

小孩子喜欢生在有秩序的世界里。他若晓得事情发生的先后和能计算事情的次第，他觉得很舒服。他绝不会知道有一种定律在管理着全宇宙，如同他不知道有一个定律在管理着他的家。所以吃饭、睡午觉、晚上休息，应有一定时间，除非有特别事故不可改变。即使在规定的时间前后，变更10分钟或一刻钟也嫌太多。小孩子大便的习惯，也应该在时间表里规定出来。

整齐对于训练儿童是极要紧的。规则是指导儿童的说明书。有这个标准，他可以知道什么该做，什么不应该做。规则立定之后，要晓得这个规则是为儿童幸福和全家的幸福而设的，所以建立一个标准，为现在也是为将来。不可当作无关重要的事，遵守与否没有什么大要紧，假若如此，则小孩子犯规与守规的次数一样多了。规则之在家里，就如法律之在社会一样。规则就是这个小社会——家庭——的法律，所以应有施用法律的必然性。

但也不可这样严格，就是儿童有益的活动，假若犯了规则，也当真要罚。有两个小女孩曾被禁止到父亲书房去。她们常听父亲抱怨说，架上的书，都被灰尘弄脏了。圣诞节以前，两个小孩决定给他做几个帘子。她们走到书房去量尺寸，后来又将帘子挂好，好叫父亲在圣诞节时惊喜。父亲不但不夸奖她们，谢谢她们，反倒因为她们破坏了规则，咒骂她们，甚至惩罚。自然，这样蛮横的执法，没有人赞成的。

如果一个人许他有时可以犯规，有时则不得已而遵守，就是永远处于不确定的状况之下了。小孩子似乎常在试探，是不是在某一天规则就失了效。最重要的一件事，是父母应当给孩子们一种准确的认识。若给他们规则不一致，准确的意识就不存在了。况且不准确的规则，小孩子虽记在心里，也不时地试着要犯。

作者常考问她的学生们关于城市规矩的事。他们长到这样大，就在这规矩之下生活着。他们不知不觉地已遵守了，因为从来没有违反过。甚至他们并不觉得是在遵守。两种规矩，学生是永远记得的，一种是走路的规则，一种是车行快慢的规则。这种规矩是常常容易犯的。等到人们遵守习惯了，成了自然的行动，脑子里也不存这些规矩了。例如车不许在马路左边走，不可通过红灯的标记，或其余习惯上不许可的事，以免发生危险。

这些规矩——因为合理，且每天施用——与触犯后的结果，必须叫小孩子明了。小孩子喜欢准确，他们习惯了在一种确定的规则之下生活，如果你一时忘记了他们惯做的一件事，他们会提醒你。

我们育儿所的小孩子，每天习惯了先游戏大约45分钟，然后再饮他们的橙汁。一天，有一个小孩子进来，正是吃橙汁的时候。我们叫他坐在桌旁，但他立刻反抗地说："我们不是先玩一会儿，然后才吃橙汁吗？"于是他跑出去，在屋顶运动场，跑了两圈，才回来坐下。他觉得十分满足，因为他遵守了日程。

从前，有一商店的经理，要给育儿所小孩子照一张相，正好是在吃饭的时候。于是桌子上摆好了饭，叫小孩子们进来，坐下，假装着吃喝。他们也知道不是真叫他们吃，但是他们一进来，看见桌子上的饭，不禁异口同声地说："我们洗了手再吃饭。"于是非等到洗完了手才肯坐下，因此迟延了20分钟，才将这洗手的课程挨过。小孩子看见桌子上摆着饭，虽不真去吃，但未曾洗过手，也觉得不舒服。

对待孩子犯规矩，不听话，方法应当一致。让他应该晓得有怎样的结局。千万不可等到星期二或星期三再处罚他。这样，就将这件事慢慢地忘掉，或是将他的错完全赦免了。

一个小女孩从学校回家，一路走着痛哭。有一位比她大一些的朋友问她是什么事。女孩说："我的拼字一课分数太低，不知道妈妈要怎样对待我，她或者说：'啊，她这么小的女孩，他们也太难为她了。'她于是安慰我。或者她生气说：'像你这样大的姑娘，也不害羞，得了这么低的分数。'于是惩罚我。如果我知道要遇见什么事，我就死心塌地了，但是我不能。"

一个小的男孩子，故意将前襟用墨水弄污了一块，试一试看要有怎样的待遇——将要被责罚呢，或不被理睬呢？这一次却没人理他。

规矩的数目不可太多，多了小孩子记不住。我的一个小朋友，他家订立了许多规矩，为的是叫他做一个完美的小孩子。常发现他站在屋子中央，自言自语地说："我忘了，这是我应当做的呢，还是不应当做的呢？"他常常为这个问题所苦恼，后来他家把规矩给他弄简单了。

对孩子说话的次数要减少。需要说的时候再说，小孩子就容易听话。说的时候，要知道他是在注意你。如果他正在聚精会神用积木构造小房子，或是同洋娃娃谈话谈得正高兴，或是正看书本，你对他说话，他一定听不见。也就如同对正在专心工作的大人们说话听不见一样。最好对于小的孩子，先唤起他的注意，等到他抬头看你的时候，再吩咐他做什么。如果他没听见，你必须重复说几遍，才能唤起他的注意。本来一句话已经够了，可是你已经说了一大堆。

一个3岁的男孩子，是一个极不听话的小孩子的代表。他不听吩咐去做他该做的事，也不自动去做。我们仿照对于阿斯加①的办法对待他，作为教训的预备，就是使一个学生，在两小时之内将他被吩咐的次数记下来。一共有47次吩咐他做事，73次吩咐他不要做什么或动什么，两小时内发了120次的命令，可是他一次也没听从。

---

① 阿斯加，原文中有人名专名号，但不知指谁。——编者注

指导儿童的时候，父母对于自己要有自信心。若父母都信不准自己，小孩当然更没有。发出的命令，自己都信不准对不对便叫小孩子听从，自己都相信是不该叫孩子们做的事，只会促成反抗和违拗而已。我们若希望得到服从，命令就是要合理，能让儿童自然接受。

儿童对于父母的态度，是得到服从极重要极大的因素。他若是去服从什么，必是对于威权者有绝对的信任。信任之获得及保持，乃是在威权者的言语必须永远可靠，知道自己命意之所在，在儿童的需要上能引起他的纯正的兴趣。应许的势必要办到。若是一个小孩已经被应许一件可贪恋的事，无论如何，必排除万难和临时发生的事故，给他做到，无论什么小孩，尤其是年幼的，很难使他们了解失信的原因。若是万不得已，必须爽约，应当给他讲得十分清楚。最好不要轻易应许什么，除非你真知道所允许的能够办得到。

从前不准小孩做的事，若是有好的理由也可以允许他做，此种改变，父母应当欢迎，不应对之不甘心。若是有什么错误，最好改正，并且要慷慨地改正。

对小孩要说实话。把小孩子留在家里，让他哭，因为他知道你要出去，总比你告诉他说你不出去，而又偷着跑掉好得多。虽然他当时不至流泪，可是他终究要觉察出来，他也不免得要觉察出来，他被欺骗了。

有一个7岁的小孩子，被他父母告知他们不出去，过一会儿，他走到窗口，看见他们正在大街上走。他转身对他的同伴说："你看那两个说瞎话的人，他们告诉我不说谎，现在你看他们。"其实，孩子知道被父母欺骗而生的激恼，若比起他因父母的离开而生的态度来，其恶劣岂止倍蓰！

命令说是"不"，就是"不"。若是已经对孩子说今晚不能去看电影而必须读书，不管他怎么要求、哭泣、喧嚷，也不要改变你的规定。自然，若有正当的理由，当然可以变更，但是哭闹、央求，并不是真的理由。

若是今天的"不"，可以变成"可"，明天也要变成"可"，后天也可以，直到"不"的势力消灭。一个7岁的小孩，从来不知道"不"的意义，因为每次他母亲告诉他不可以做什么事的时候，他总是哭、求，直到等她说："我的老天爷，去做吧——只要你离开我。"

又一个小女孩，4岁了，当母亲对她说"不"的时候，她总是说"我要做，我要做"，翻来覆去地说，直到等她妈说："那么，你就去做吧。"这样的孩子，从来不会正经地学会服从。

家庭里的所有成员，关于家里的儿童，应当共同拟定一个普遍的政策。若是见解不同，当于孩子不在左右的时候商量妥当。别人尚持异议的权威，他是不尊敬的。有家庭会议的，是家庭中的好现象。在会议中，关于对待孩子们的方策，当自由讨论；对各人的不同的见解，也要彼此迁就。

一个两岁半的小孩的父亲、母亲、叔父，关于管理他有不同的意见时，当开一个会议。若当着他的面讨论，什么是他应当做，什么是他不应当做的事，他是绝对不服从的；后来此种谈论，不在他面前举行了，大人们意见似乎已经一致——因为他们已经共同商定好了——他就变为服从的了。

反之，又有一个4岁的男孩子，他家里有5位大人，若其中有一个对他说："不"，他就立刻动身，将其余全家的人都观察一遍，因为他准知道其中必有一个将"不"改成"可"。

又有一个小孩，家里除父母之外还有祖母和姑姑，从来没学会听话，因为他每次被吩咐，或做了被禁止的事而受惩罚的时候，总有一半时候，不是祖母，就是姑姑对他母亲说，并叫孩子听到："你也待他太刻薄了，他是这样小的一个孩子。你都没这样被人对待过，你现在长大了，不也很好吗？"或是："这些新法子，对待小孩，并没什么好，我们不是这样管教起来的，你看我们，不也很好吗？"

人对于小孩子的态度，是极重要的。不要想孩子是父母的财产，所以没有同小孩子合作的必要。反之，得到小孩子的合作，是父母对于他们的重要的责任。一间商店，或一个委员会或俱乐部，都在同一目标中，需要大家通力合作，以求进展。小孩子便是如此，若能得到他的合作，管理非常容易，他也准备听从。假使要叫孩子做一件难的工作，不要到跟前才跟他讲，最好先得到他的合作，将计划讲给他听。大概当他要拒绝父母要求他做什么的时候，父母是懂得他的面部表情。汤姆[①]的故事，就是因合作而将苦工弄成了有兴趣的事的一个好例。吩咐他粉刷围墙，因此他就不能去钓鱼，为防备同伴讥笑他，或自己的样子被人看见而难为情，他就想了一个主意：当他们在去钓鱼的路上问他，能不能同他们一块走的时候，他告诉他们说，他是很着急地要刷围墙。他说得很高兴，于

[①] 原文作"汤慕"，今译作"汤姆"。——编者注

是他同伴送给他些苹果、钓鱼用的线和其他孩子们玩的东西,作为刷墙的报酬。所以要努力使儿童对工作有兴趣。

平常说话的语调也是要紧的。若是叫孩子做一件事,用的声调却使孩子们想道:"哈!这是要拿我取笑",他的整个态度,比你用一种声调说"现在,这里有一件事,你必须得做,来吧"就大不相同了。

如果小孩对于威权者有信仰,如果叫他做过的许多事都令他有兴趣,不必在叫他做事的时候,考虑每件事都令他感兴趣了。他定会服从的,因为他学会了合作,因为他对你有信仰。

不要用贿赂得到服从。"若是你做这个我就给你一杯冰淇淋。"当时颇可奏效,但不久,你无论要他做什么,他都索报酬了。虽然他做了极简单的工作,从此就想要好处了。过些时候他就可以开始说:"我能不能听一次话,就能得到报酬?""有多少次不听话,我仍能有报酬?"于是你要知道,你的威权已到了末路了。

若是奖励儿童,只能在他已经达到一定标准的时候,例如,"今天你已经把你的屋子打扫干净了,把功课都读完了,这个就是替妈妈省下了时间,所以我有工夫带你去到动物园①。"不要这样说:"若是你把你的屋子打扫干净了,功课做完了,我就带你去动物园。"用前者的说法,约翰知道他之所以能去动物园,是因为他的行为达到了一个标准;若用后者的说法,就是约翰认为他去动物园的机会,是他工作的酬劳。其实此种工作,本来可以不必奖赏的。什么时候应当奖励,什么时候不必奖励,要在第二章详细说明。

除非需要时,要免除冲突。人都知道冲突是一件兴奋的事。我们也晓得,一件重赏,是幼稚时代的注意的中心,却能引起兴奋。如果你的小孩,喜欢因冲突挑起来的兴奋,颇足妨碍他的服从的练习,那么是因为他所以愿意表演层出不穷的冲突者,不过要在热闹的感觉中,做一个角色而已。

一个小女孩常把书从书架上拿出来,而不顾一切的惩罚,于是她母亲很失望,说道:"我不能叫这孩子听话了。"

人问她说:"小孩子把书从书架上拿出来的时候,她有什么表现呢?"她母

---

① 原文为"万牲园",今译作"动物园"。——编者注

亲说:"她到我面前说,'看呐,我做什么呢?'于是等着我对她说什么,或挨受应得的惩罚。"

冲突必须避免,因为每次的冲突,都足以在小孩心中建立一种战斗的反抗习惯。自然有时候,遇到一件事情,会使人处于非战斗不能解决的地位,但是总要竭力使之减少。下列的建议,可作为避免冲突的一种助力:

第一要紧的,在你要叫他停止游戏的前几分钟,要警告他,说道:"过两分钟,我再来叫你,所以快将小木房搭好了,或是快将书本看完了,准备到我这儿来。"小孩子专注在他的游戏上,也如大人们专注在工作上一样。若是我们正在和朋友谈得兴高采烈的时候,被人横加干涉,硬被拉走,我们的恼怒为何如!未曾警告,竟被搅扰,必惹起我们的烦恼或生气。一个小孩子正在玩耍,不被警告,而突被干涉,不是处于一样的情形吗?

如果命令发出,"过两分钟,我再来叫你,"必须到时候去叫他。若是小孩被警告以后,他还能连排两三个小房子,或多看几分钟的图书,下一次你再说两分钟后再来叫的话,他就不信你了。

一个5岁的小孩子,被妈妈吩咐"再多摆上3块木头,我就来叫你去洗澡"的时候,说:"我敢赌,我至少可以再玩十分钟,她就要忘了。"他于是做下去。恰巧这一次,有人想起来又去叫他时,已在15分钟之后了。

警告小孩使他对服从有准备,在有伴侣的时候,更能帮助解决尖锐的问题。若是对孩子说:"有伴儿在这里,自然你可以进来,但是在我们去吃晚饭的时候,就是你去睡觉的时候了,你必须上楼去睡。"小孩就准备了,下一次就不必警告他说:"你记得我们说过,在我们去吃饭的时候,你就应当上楼去睡觉。"他就欢喜去了,若是未曾警告他,硬叫他从玩得正高兴的同伴中,被强迫地离开,反抗是必然的结果。

愿意使小孩子免除一件事,不可用反面的警告语。例如在下午5点钟时,不可说:"啊,今晚你'必是'按时候去睡觉。"因为这样说,不过只鼓励儿童到了时候去想出各种方法来避免睡觉而已。"哈,今晚我要份菠菜,你可不要不吃呀,"这是去使珍妮[①]拒绝吃菠菜的第一好方法,虽摆在桌子上,她也不吃了。

---

① 原文为"占尼",今译作"珍妮"。——编者注。

避免冲突的第二个方法，就是叫小孩子做一件事，假若没有选择的余地，就不可用暗示他可以选择的语气。自然，你应当随时随地给他一个选择的机会；但是假如你的意思是"现在该是你脱下外衣的时候了"，千万不要说成"现在，你不想脱下你的外衣么？"这种语气使小孩子觉得他可以答"是"或"不"随他自己的便，常足以产生严重的冲突。有一天，一个 3 岁小孩被问："你现在不愿意停止游戏，进来洗澡么？"他的立刻回答是："不，我不愿意。"来得十足地干脆。若是这个命令用另一方式说："现在，是停止游戏的时候了，你进来通身洗一洗吧。"那么，就有一种势力叫他相信，他就想进来，机会在那里等他，毫无反抗了。尤其在母亲用一种声调，暗示他洗澡是十分快活的事。

要避免用"不可"二字，用得越少越好。设若嫌小孩子开门开得太用力，太响，最容易且最有效力的说法是："开门要轻轻的"这比你说"不要大声开门"好多了。

对于学龄的儿童，"不可"二字是没有势力的。对小孩说"不可走进水里去"就等于说"迈进水里去吧"。一个 4 岁的小孩，下午散步的时候，恰巧走进一个泥坑，他的保姆说："不要莽撞地走入坑里去"。他本来要停止，此刻却大胆地走进去了，水深至踝，完全站着不动，并且提高喉咙，大叫了一声。他本来没有意思反抗，特为走这泥水里去，不过要看看保姆的惊慌失措而已。这个命令，如果出于积极的方式，"躲开泥水呀"比"不要走进水里去"好多了。对于发令者的尊严，不但没有损失，且帮助小孩学习了服从。

父母们常问这句话："孩子们也应当立刻服从么？"对啦，当然要的。有很多紧急的事希望孩子立即听从。因此，要善用一种紧急的语调，对孩子说："妈妈现在对你说，你有时进来求我给你做一件事，我总说你等一会儿，等我做完了事再给你做——但是，假若你受了伤，那是一件急事，我必把一切的事放下，立刻来照顾你。妈妈也照样有急事，当我这样叫你的时候（此时用紧急的语调），你就要放下你的东西，赶快来。现在让我看你能不能这样做。"于是叫小孩子上别的屋子里去，你用紧急的声调叫他，看他能不能立刻服从你。若是小孩子太小，那么必须有一两次的练习；若是他已熟悉了你紧急的声调，要小心，非等到需要立即听命的时候，不可乱用的。不然，这种声调很快就消失了它原来的价值。而实际上，儿童之所以不立即听从，一个原因正是因为父母太随便地发紧急的命令，而其实并不需要，以致有时叫孩子来，孩子立刻出现在眼前，倒觉有些诧异了。所以对于这个时候之不同，当用一番心思来酌定，何时需要紧急地服从，何时希望迟一些的。

儿童不立即服从，有许多缘故。第一是因为小孩子不明白命令的用语。他们所知道的单词，不过为我们的六分之一，所以我们的许多话，他们必想一会儿，才能明了。作者曾见小孩子在实行命令之前，站着不动，用一分钟来想命令的意义。若见小孩子有犹豫的神情，应用同样的话重说一遍，再等一会儿。例如，有人说："约翰，穿上你的衣裳，天气冷了。"不如再简明地说一遍"约翰，穿上衣裳。"不必加以解释，但要用同样的字来重说你的命令。儿童若露出犹疑，解说永远是必要的。甚至有时要他们做什么，可以给他做个样子看，如怎样把积木拿开，怎样使叉子，用羹匙。若是听见命令，小孩子问"为什么"时，要用简单的名词给他解释。例如，"小孩子受了凉，就因他们不曾穿上衣服，有时他们就病了，很不舒服"。

然而也要小心，不可使小孩养成等着听重复命令的习惯。一个12岁的孩子带到我这里来，因为他习惯了听许多唠叨命令之后才去服从。问他说："为什么你母亲必得对你说了10次之后，你才听她的话呢？"他回答说："因为她常说这样多的话。""为什么你最后听了呢？""好啦，你看着，"他说，"我知道这个口调意思是，'若是你不立刻做，我要来治你。'我听见这个口气，我立刻就去，不再等着了。"

还有一个缘故，使小孩子有时明显不听话：他们的记忆力很短。若是在半小时之前，告诉了约翰，应当在半点钟之后做什么，到了时候，他忘记所要做的了。其实，他已经完全不记得有这么一回事。

再说，一个孩子不遵从你，是因为他分不清左右。作者有一次看见一个男孩子和家庭起了冲突，其唯一的原因，就是他父亲一定叫他用右手来握手。父亲伸出了右手，约翰伸出他的左手。重申命令，也是无效。约翰仍旧伸出左手，在他想来，已是与他父亲的手相符合了。他并非故意捣乱，只是不明白叫他做的是什么罢了。

另外还有许多事是儿童不大明白的，非等到入学年龄不可。他不大知道数目的多少，必须等到6岁不可。若是叫他取5个苹果，他可以给你拿3个，4个或两个来。如果他能照着你所吩咐的数目拿来，那真是非常——在普通平均之上——出色的孩子了。

我们应当记住，应用"不"的次数越多，越容易使小孩子不听话。

儿童若有许多发泄能量的机会和许多玩具足以鼓舞他做建设的游戏，他就需要很少的"不"。因为他天性好动，无论你发多少命令，都不能使他安静。5岁以下的儿童，可以安静——绝对的安静——最长的时间，不过为半分钟。若是给他一件他能玩的东西，他就玩得很高兴。若是给他的玩具不够，他就要不断地摩弄东西，即使是他不想玩的。也许他不久会成为像安琪①所说的那个孩子。一天他问他的一个小朋友叫什么名字？这个小孩说："我的名字叫约翰不要（John Don't）。"大概这小孩永没有听到过他的名字和"不要"分开。

旅行的时候，要带着玩具。若是带着小孩子参加某聚会，即使那里有玩具，也未必与他的年龄相符合。有玩具就省去了许多命令，给孩子的命令越多，他听话的比例数越小。

不可用刺激法管理儿童。叫他行为好，切不要说你的哥哥或弟弟多乖呀。这只能收效于一时，但频繁了则足以挑起他的反抗。因为他嫉妒哥哥或弟弟来做他的榜样。嫉妒的本身是坏的，并且此种行为所衍生的问题更坏。

不可用讥笑的方法得到服从。因为管理他而令他觉得自己可笑，使他很愤怒。时候到了，他要将使他不舒服的权威打倒，或者他也照样用讥笑的方法来对付权威者。有一个小孩子经常被如此对待，特别是家里有客人的时候，更来得顽皮，说坏话，吃饭时毫不守规矩，对于羞辱他的人，尽其全力来嬉笑怒骂，以求泄愤。

最后，不可用恐吓的方法来管理。使小孩子听话，不可说有什么东西要来捉他——一只狗，或者"麻胡子"来了。这法子只能当时奏效，但会产生两种恶果：第一，会使他对于不应当怕的东西也怕了，并且夜间睡不着，叫他想起各种行为上的问题，这比不服从还坏；第二，后来他发现这可怕的东西并不是真的，那你的权威将要失去了，因为小孩子对于欺骗他的人最容易失掉信仰。

一个小孩子听说，他若是说一个故事，他的舌头要从嘴里掉出来，直到7岁半的时候仍然这样信。有一次他实在忍不住了，就决定要看看自己舌头到底怎

---

① 原文为"安其卢"，今译作"安琪"。——编者注

样。他就说了一个故事：那一夜他不能睡，只是忧愁。家人不晓得他遇见了什么事。他害怕不安，几乎发狂。第二天早晨，他摸摸舌头，还在口里，于是他说："吓，它没掉出来，现在我知道能做什么了。"他不说故事已有好几年了，从那天起，他开始练习说，舌头并不掉出来。可是事实更糟了，从此他对于告诉他那个荒唐言语的人，就完全失掉了信任。

服从的习惯，也与其他习惯一样，是训练的结果。这全在于成人的教导如何。要养成儿童最好的习惯，同时更应指导他有自动及独立的精神。服从的养成，自然在乎合理的命令，但永远要跟着训练他，使他能够做到自动和负责任。

第二章　惩罚与奖赏

惩罚

许多学者告诉我们说，在社会团体里，惩罚观念的发展可分为三个阶段（或三种态度），这三个阶段，在个人的惩罚观念上仍然存在。

第一种态度是惩罚的目的是为求公平。这是低级的观念，惩罚的威力是要从孩子身上得到公平——就是叫孩子受的苦痛，要和执行惩罚的大人们所受的一样。这态度是："你既伤害了我，所以我也照样伤害你。"下列一例即使此点更加明了。

约翰很蠢笨地跌了一个跟斗，碰在桌子上，打碎一个珍贵的花瓶。他的父亲因花瓶之损失，盛怒之下，并不思及花瓶之碎是偶然的过失，他抓住孩子即饱以老拳。过后，父亲极懊悔，但是他已把孩子损伤了。幸而此种态度，在今日受过教育的父母中极少存在。

实际上加以研究，此种惩罚之执行，既出于父母之愤恨，也必于父母身上得到报复，或此类的反应。孩子或可因被惩罚不致再犯，但同时他要设法来报复。

一个5岁的孩子，被此种态度的惩罚已经很久。后来发觉他不再同别的孩子玩耍了，父母对于孩子避免所有社交上的活动非常关心。他们常为此事彼此谈论着，很希望孩子在交际场中出风头，因为社交对于他将来的事业和余暇的消遣都极有裨益。孩子听见了交际的事即是父母最希望他做的，于是就不知不觉地发明断绝与一切小孩子来往的一个好方法，来报复父母对他不幸的惩罚。

还有一个小孩子，故意将母亲所珍爱的瓷器打碎，来惩罚他的母亲。表面上，瓷器是偶然被打碎。但实际上，这种动作是他有意的报复。

第二种态度是惩罚之目的，乃为警戒儿童不再重蹈覆辙，或警告其他以儆效尤。约翰有一次从冰箱里拿东西吃，母亲不制止他，却打他一顿。这办法颇可奏效一时，但是这一巴掌及其所带来的后果是：从那时起，他厌恶他所吃过的东西了，如果子酱、蛋乳糕、山芋、牛奶之类，没有一样是他喜欢吃的了。

第三种态度是惩罚使孩子变得好些——那就是说，惩罚要使孩子行为变得高明些，即不但能防止此种情势的再现，并且要使他知道下次如何应付同样的事情，这是在三种惩罚里，父母们唯一可取的态度。同样的惩罚，或使孩子害怕，或使他改善，完全在于父母的态度。父母可以对孩子说："你这一早晨都不老实，净淘气，你这样坏，给我上床睡去。"或对孩子说："小孩子这样地玩耍，一定很累了，你可以去躺在你的舒服、凉快又安静的床上，歇着去吧，等一会儿再回来玩，你就觉得精神好了。"这两种所说的态度差多了，惩罚的方法是一样，但是后来的效果却大相径庭。一个，若常这么做，可使孩子讨厌这张床；一个，却使孩子觉得这张床是一个休息的地方。

最要紧的，是惩罚的方法要因人而施。父母应注意孩子们的个性。每个孩子个性不同之处，可从惩罚所产生的不同的效果上认识出来。没有人可以立一种罚则，适用于所有恶行为。如果有人想出一种管教的好方法，能适合于每种恶习惯，我们就当请他到无线电台广播他的计划，使人们写在记事本里，或登报说明这种罚法可以适用于所有的恶习惯。恐怕这正确责罚的问题距实际尚远，并不是如此简单的吧。

有个小孩子最怕的惩罚是叫他呼他的母亲为"包太太"几分钟。他不断地央求着说："包太太呀，请你准我叫你妈妈吧，我不淘气啦。"可是比他小两岁的妹妹称他母亲为"包太太"，却觉得好玩。那就是：哥哥以为是惩罚的，妹妹却拿来开心了。

弗雷德[①]最怕的惩罚，是被他母亲说他的错。可是他弟弟罗伯特[②]常对母亲说："妈妈你很久没跟我谈话了，请你坐下，把我所做的错事都告诉我吧。"

惩罚的本身，对于不同的儿童并不能产生同等的效果，每户人家对于惩罚的施用，应有许多考虑。第一应考虑的，是惩罚不宜太勤。古斯博[③]太太说，惩罚犹如药品，必须留待危急时方可应用。若惩罚太勤，就如吃药一样，久则失效。儿童若常被惩罚，不久就以为被罚似乎是当然的事了。有时，他倒喜欢来享

[①] 原文为"福来德"，今译作"弗雷德"。——编者注
[②] 原文为"饶伯特"，今译作"罗伯特"。——编者注
[③] 原文为"顾思伯"，今译作"古斯博"。——编者注

受。若是你的孩子做错了事，妨碍了自己或别人，一时找不到急切代替的方法，惩罚也是应当立刻执行的；但是无论什么时候，如果可能的话，还是以找到代替的办法来阻止为好。

孩子的是非观念，是从我们的惩罚或态度上的许可或不许可得来的。孩子们只能从人们对于他们所做的事情的态度上学到是非观念。所以要谨慎执行惩罚，因为惩罚能使孩子发展他的行为标准。在我们的内心深处，是存留着评判惩罚孩子的标准的。我们应抚躬自问："这个惩罚对于孩子有什么用处呢？"存此观念，方能决定惩罚之应执行与否。

还有一件事要留意，惩罚不可太过。如果太过，那必是闹得很兴奋、很紧张，给小孩子一种深刻印象，更能诱使孩子再犯同样的过失。很多小孩子因为把煤气开关拧开受了重罚，却继续着再犯，直到有一种替代的惩罚为止，这就是因为罚得太厉害，反倒使他的恶行为难以去除了。

打，平常也算重罚之一。但若一味地打，到后来，孩子反而忘了被打的原因，不过只在受体罚的时候发展他的仇恨而已。当找不到更有益的动作来代替惩罚，和其他惩罚似乎不大有效的时候，那么打手掌有时也是需要的，但只可用为最后的办法。小孩很少因为不断地挨打而变好的。若弄洒了饭也打，扯碎了纸也打，哭也打，不把玩具拾起来也打，弄脏了衣裳也打，诸如此类，则小孩心里想，挨打与他的行为似乎毫无关系。因此，惩罚也就不生效力了。

儿童的仇恨，多半是体罚挑起来的，因为体罚本身与阻止他的动作相关联，很自然地会唤起他愤怒的反应。若非用体罚不可，只应用在幼儿时期。儿童到了3岁半，除了在紧急状况之下和极度出格的孩子，体罚是末一招了。

正是有此原因考虑不可在盛怒之下打孩子。如果必须发怒，也不可叫孩子知道只好藏在心里。因为叫他知道他使你生气，并不能增加他对于你的尊敬。因为有些孩子故意做错事，为的是瞧热闹。一对生气的父母，共同以孩子为注意的中心，是足以使儿童保持其恶习的。

惩罚愈简单愈妙。若惩罚极其繁复而且有趣，儿童就要再故意重犯方才的过错，为要得到做戏的经验。每一个好吃手指的小孩——大概世界上百分之五十的小孩儿都是好吃手指或别的东西——若把他拉到自己的身旁，同时对他说，凡吃手指的小孩，不能同别的小孩玩，就多半能治这个毛病。同样的事若弄得紧张热闹，只足以令儿童重犯而已。

惩罚要与恶的动作密切相关。一个小孩扯碎了一地板纸片，叫他捡起来，非收拾干净不许他去玩别的东西——这个惩罚比打他有效得多，因为叫他收碎纸是与扯碎了纸有关系，与打却没有关系。一个孩子洒了一地板水，叫他用抹布把每滴水都擦抹干净，然后再把抹布放到原处，也是比打他更有效得多了。

无论对于什么过失，若只用一样的惩罚，那就会使恶习惯与惩罚不发生关系了，所以也没有效果，除了极少的例外，这种惩罚绝不会使孩子好起来。

惩罚必须紧接行为之后。若是孩子，说5岁以下的吧，因为他忘记得快，所以应该把他方才所做的事与惩罚连在一起。一个两岁的小孩，正在看书上画的一只船，他父亲从办公室回家来了，提起他来说："啊，小祖宗，你的妈妈告诉我你方才做的事，这该是你学好的时候了。"于是抱他上了楼，打了他一顿。他父亲问他："现在，小祖宗，你知道我为什么打你吗？"孩子说："因为我说我有一个大汽船。"那就是在他父亲抱他上楼之前正看书的时候，他对他父亲说的。在他被问他做了什么坏事的时候，他只记得与挨打离得最近的经验。

你必须叫孩子清楚地知道你为什么打他。自然，你发现孩子做坏事的时候，无需对他说："我告诉你多少次了，不叫你做那个啦？"但是假若你说了，那也是对孩子毫无意义。"那个"二字，对于孩子不过是一个"那"和"个"而已，并无别的。要告诉孩子你惩罚他的真正的理由，话要简短，用一句话更妙。

要从全部情形之中，指出坏的那一部分来。不然，孩子就以为他之所以被罚，是因为他在那时所做的一切事了。若是你的孩子画什么东西在墙上，可以对他说："你可以在纸上画，那就对了。你也可以在黑板上画。若是你画在墙上，就弄了许多丑怪的印记，是我们擦不掉的。你只可以画在前面的两种东西上，我们不要叫墙上有什么脏东西。"于是你的孩子就明白他之所以被罚，并非因为画图，乃是因为画在"墙上"了。

此例曾在一个母亲辅导班中提出，其中一个母亲立刻说："那怪不得我家女儿不画图画了呢。她的幼稚园老师对她很为难，因为她迫不得已时拿起粉笔和纸来，老是惶恐不安。那就是因她在墙上涂抹，我着实地打了她一顿，我相信她再不敢在墙上画了。可是，我不知道她自从被罚之后，就连画图也不敢尝试了。"

要小心，责罚并不能由父母心情好坏而定，而应依据行为，要斟酌行为的严重或细微的情形来实行惩罚。一个人疲倦的时候，小的事件也似乎变得严重，身体在常态时，就算不得什么了。可是对于孩子，无论在什么状态之下，都是一样地重要。所以我们要留心，要按照儿童行为的严重程度来相应地采用惩罚措施。

惩罚了，事情就算过去了。若说话太多，反而会把惩罚的力量失掉。人们对一个小男孩深表同情，他对他的母亲说："唉，妈妈，如果你不肯饶我，就不许我去游泳好了，请你不要尽说那游泳的事吧。"孩子做错了事，你说起来没完没了，第一，那你就是为一件事而处罚他两次；第二，乃提醒他再去做。

孩子做了不应当的事，每次都应惩罚他，但是必先使孩子明白这事是不应当做的，应该受惩罚。若是应当惩罚，而不是每次都执行，孩子就来试探父母，看看这一次他受罚不？你没有看见过他们么？有时他们做一件事自己知道是不应当做的，却用眼角偷偷地瞧着你，看他们这次能否真的被罚。

自然，这条规则也有例外。这就来到另外的一点：父母应否惩罚，还是要考虑儿童的行为的动机如何。一件事在这种情形之下是违拗的，但在别种情形，并不如此，因为动机是善的。

一个男孩子在大门口遇见母亲，母亲第一眼就看见他的衣服都弄湿了。她立刻带他回到屋里，上了楼，脱去他的衣服，骂他一顿，把他放在床上。过了些时，她回来看到，他依旧哭泣不止。她是个贤母，就坐下跟他讲这件事。他抽泣着说："你的花都干透了，我替你浇水，可是你把我放在床上就打我。"母亲由此才发现她心爱的花有一整天没浇水了，她的 6 岁的孩子看见就替她浇了 —— 虽然他会被禁止使用喷水壶。此类事情，违拗是大可以饶恕的，但要说明是因为他行为的动机。

还有一件同样的事，发生在一个小女孩的家里。母亲不在家的时候，她去洗早饭后留下的盘碗；由此弄湿了衣服同样被痛罚一顿，家长也并未询问她违拗的原因。

有些细节末梢的地方应当忽略。许多顽皮的小事可以不理它，不必加以惩罚。严重的事当然要注意；可是有许多的小麻烦，若是处罚孩子们，反倒在他们脑子里生了根。母亲们要晓得此意，若不理会这些小事，孩子们也就慢慢忘掉了。

仅是一个小孩子在家里，对成长不太有利。因为每件顽皮的事都会被注意，若是家里有 5 个孩子，许多事也许被忽略了。所以在父母心里或在孩子心里，不可将一件顽皮的小事看得很重大。

还有常遇见的事：若是行为的本身，已给自己带来教训了，父母若再加以谴责，不过增加儿童的忌恨而已。一个小女孩在客人来聚餐以前，把一杯水泼在她母亲最好的台布上了。这时她对于自己的粗心，已经非常懊悔。可是她被骂了一大顿以后，又加上严厉的处罚。而处罚的结果，是使她所有的自怨自责的心情完全消失，只留下了愤恨。如此惩罚只能使懊悔变成了愤恨。

要小心，不可将惩罚的观念与你愿意孩子们做的事联系在一起。如果你愿意孩子喜欢午睡，就说："你方才太淘气了，所以你必须上床去睡。"那就不对了，因为他不久就觉得这床是一种惩罚，并非休息的地方了。

一个12岁的男孩，因为一件恶行为必须写100次"我方才错了"，当作一种责罚。这种办法比任何惩罚都坏，因为在他脑子里深深地印了一个自己是坏孩子的印象，并且不久使他痛恨了写字。

还有一个男孩子，好在课堂上讲话，就被罚在散学后留校半小时，以示惩戒。上学本来是儿童的一种权利，可是这被罚的儿童，不久就讨厌上学了，因为在他心上已经顽固地种上了一个观念——待在学校原来是一种惩罚。

我的一个小朋友认为沐浴是一件最讨厌的事，因为他有五六次淘气，弄得满身泥垢，便被强制去洗澡，作为惩罚的一部分。自然，在当时来看，沐浴是必然的事，但当作惩罚的一部分就错了。

若告知了惩罚规则，就必须实践，不可用惩罚来做恐吓而不施行。儿童很快就会明白你说话的意义，因此，必须遵守你惩罚的规则，如同遵守你请人吃饭的信约一样。

无论何时，执行惩罚，必须将上述的一切劝告记在心里。但有一种劝告，更应念念在心，切不可忽略，就是以前说过的，惩罚犹如用药，越不常用越好。如果除掉孩子的恶习惯能用以上提议的任何法子，请尽先使用。若是有一种恶习惯必须除掉时，要记得，最好找到一种更完善的方法，使儿童自动地除掉它。如果小孩子将纸扯碎满地，已经惩罚了他，但同时可以给他想出一种比扯碎了好得多的、更有兴趣的方法来玩弄纸。或是提议那陈旧没有印字的纸也可以扯碎，但把碎纸一块一块的，在另一张纸的中间叠起成一个塔，不是更有趣味吗？如果必须惩罚，以上每种办法，颇可避免再有第二次或第三次惩罚了。

再者，要常留意的事，就是家里有 5 个孩子必须用 5 种不同的方法来惩罚，因为 5 个孩子对于一种惩罚的反应各有不同，不可一律对待。

要摒弃惩罚，使它离开儿童的生活越远越好，就如药品不可常用一样，除非有医生的指导。

奖赏

谈到训练儿童，我们不能不讨论到奖赏的问题，就是我们应该在什么时候，用什么方法奖赏儿童。在以后讨论善恶习惯之养成的时候，我们会知道儿童所能得到的最大赏赐，乃是一种他获得成功的胜利感觉。要使儿童得到这样的心情，最好的方法就是引起他要做成某件事情的兴趣，使他觉得花费在这件事上的努力是值得的。

用物质去奖赏儿童的时候，要特别地谨慎。永不要使用贿赂式的奖赏。对儿童说："倘若你扫净地板，我要再给你一块冰淇淋吃。"这会使他觉着，这件工作是需要报酬的。对一个儿童说："如果你做个好孩子，我就带你到公园去。"这会使儿童觉着，做好孩子是一定要受报答的。

在讨论善恶习惯之养成的时候，我们会知道，同样的奖赏可以用好几种方法给儿童。"你真好，帮助母亲节省时间，所以她现在有工夫领你到公园去。"这样，可以使儿童觉着，他已实际地帮助了家庭里的事务，因为节省了母亲的时间，所以就可以得到些特别的款待。正当地奖赏儿童的理由，须因为他加添了家中喜乐的空气，或帮助了大人节省了时间，或成就了某种有益的事情。

贿赂一个儿童，常会使他感觉他可以和你讲价，希望多得些报答。许多儿童是闹着玩儿地和你讲价。像这样的话："今天做好孩子要比昨天困难两倍，所以我要两块糖果，一块不行。"这是常挂在那些因报酬而做好孩子的孩子口头禅。

因为他吃早餐，就给他戴一条丝带，或给他每天配个小星星，因为他好好刷了牙，洗了手和脸，或保持一天的干净，常可以帮助儿童获得你认为好的习惯。不过这样的奖赏，还得在别的方法没有效果的时候才可使用，因为它们和孩子所要养成的那些习惯是没有多大密切关系的。这样的奖赏对许多儿童来说，几天或几个星期就失掉效力，对于你希望孩子养成习惯的那些行为帮助很少。

不要用过度奖励刺激儿童做他能力所不及的事情。很多的儿童教育家与心理学者都说，因为儿童在学校中考个好分数便给予他特别的优待，会引诱儿童为了得到奖赏而选择考试作弊。设若演说或运动的优胜可以获得一块手表的奖赏，一个儿童虽然都不擅长这两件事，也会因为奖赏作过度的努力，或产生许多很可笑的企图，想着去争取他真正的本领所不能获得的这个奖赏。

可以给儿童的奖赏，就是一种成功的感觉。这种感觉可以从和自己的记录竞争中获得，例如，他可以知道这星期演算了 8 道算题，而上星期只做了 6 道。他可以在一张大纸上，用图表把他能力的增加率指示出来，记出他每日演算题的数目的增减。和自己的记录竞争，这是应该养成的极好习惯。在好习惯的养成上，这种方法可以尽量使用的。

我们并没有说儿童在家里做事，是永不应当得到报酬的。儿童什么时候做了事应当得到酬报，并且应当怎样给儿童报酬，还要在"关于用钱"一章里详细讨论。

第三章　好习惯和坏习惯

一般学者都认为，学龄以前的时期是儿童一生最重要的时期。因此，父母是儿童一生最重要的教师。儿童的思想纯洁、态度真实、道德高尚以及种种好习惯的基础，全赖6岁以前所养成的好习惯。甚至影响儿童一生健康的许多卫生习惯，也都是于入学之前，在父母的维护之下开始养成的。儿童入学后所受的一切教育，都要受其以往的家庭教育之影响。

一个儿童在入学之初，若有很健全的心理态度，如善于合作、好奇、愿意学习，情绪稳健（少发脾气、少恐惧），等等，那么，他比一个羞涩的、恐惧的、对任何事物都表示退缩态度的儿童，在学习上自然要进步得更快了。

3年前，一个两岁的小孩子由他母亲抱着，进入本大学的幼儿园里。他母亲第一句话就说："你不坐下吗？"这小孩子答道："我不要。"她的第二句话是："你不到滑板上去玩吗？"孩子的回答，仍然是个"不"。建议了好几件事之后，他母亲最后说："好啦，你就留在这里，要做什么，你自己做去吧。"这个孩子又顽强地答道："我不要。"像这样的态度，要他入学校学习或和别的儿童接近，那是不可能的事。

有了卫生的好习惯，就可以减少疾病，所以儿童在入学后，才能充分地享受其念书的机会。入学的儿童若没有好的卫生习惯，常会受疾病的缠绕，无谓地牺牲许多时间。

入学的儿童如有刁顽反抗的态度，或好发脾气，或太畏缩，则须耗费大把的时间，来克服这些不好的习惯。如果不改，他便丢失了在学校和课堂中和与别的儿童接触中所能得到的许多益处。

父母应该知道的最要紧的事，其实也是每个人应当知道的最要紧的事，就是怎样可以养成好的习惯，怎样可以打破坏的习惯。有些养成习惯的普遍原则，像在以下各段中所提到的，都是极其普通的常识，是每个人应该知道的。

第一个原则是小孩子做事如果有愉快的结果，会使他更为舒适，让他感到如愿以偿，他便很容易反复地再做这件事，无论好坏，以致养成习惯；第二个原则是小孩子每次做过一件事情之后，做那件事的倾向便来得越强。总之，对某件事情练习越多，则越想再做某件事情。不但对这件事情做得更快，更确当，而且做的次数也比其他练习少的事情要更多。比方说，一个小孩子开过冰箱的门，那么他再开的倾向便更高。如果他开过10次或8次，则他开冰箱门的倾向则变成极强，每次走过的时候，便不开不行。如果让他练习上百次，变成了坚不可摧的习惯了。如果他每次开了冰箱门，可以从冰箱里找出一些爱吃的东西，则这种习惯还要来得更强，因为他不但有了练习，而且有愉快的结果。只要他探入冰箱看一看那些东西有趣的排列，已构成愉快的结果了。

养成习惯的第三个原则，就是一个人最容易受环境或别人话语的暗示。一个儿童，在那地板上摆满玩具的热闹室里睡觉，无论如何，总是很难入睡的，因为周围物件的刺激性，使他不能安眠。

第四个原则——倘若坏习惯和好习惯练习的次数是一样多，则坏习惯和好习惯会同样地养成，而且，会时常拿恶习惯，当着好习惯应用。如只在有客人吃饭时才用好礼貌，别的时候，一概用坏的样子，则只会养成不好的礼貌。

最后一个原则——亦是我们都晓得的——就是我们应该给予儿童以活动的出路。倘若一个儿童做一件不好的事，纵然那是对他有些用处的，我们也最好是给他一些别的事情做，做替代，使这个不好的行为不至于成了习惯。我们明白了以上的几个原则，那么就可以进而研究怎样打破坏习惯了。

打破坏的习惯

提到每个坏的习惯，我们须先研究，为什么儿童会屡次地做我们不愿意要他做的事情呢？

在环境当中，果真有什么事情在刺激着他，使他偏要做这种不应该做的事情吗？

他做这种你不愿意他做的事，可以获得什么奖赏吗？

他对于你不愿他做的事，和对于你愿他养成的好习惯，是一样地时常练习吗？他受奖赏的次数，和受惩罚的次数，是一样地多吗？

最后，儿童有没有别的方法来发泄催迫他做这事的冲动呢？

在我们开始戒除儿童的恶习之前，对于以上的每个问题，都须能做肯定的或否定的回答。比方，你的儿童是像下面的这些例子，因刺激而做坏事么？

小约翰不住地离开饭桌去玩耍放在他椅子旁的小车。对于这个问题，第一件当做的事，就是每到小约翰吃饭的时候，便把玩具小车拿出吃饭的屋子，给小约翰预备些有趣的地方放置他的玩具，比方把他的车子放入车房里面（可以用他屋里的一角），然后再去吃饭。那玩耍的东西不在他面前的时候，他自然容易安心地坐下吃饭了。

静儿常把书橱里的书拖出来，因为橱门总是开着，已有一两本书掉在地上。可是把书柜关起来以后，她就不再从书橱里往外拖书，因为她已不再有做这种事的暗示了。

如果有某种情境常能提醒儿童做你所不愿他做的事，他便不易停止做这种不良的事情。爱德华跟母亲去拜访邻居，当到了爱德华以前曾去过的一家，母亲对他说："你不记得上次你来这里的时候，你扭开人家澡盆的水管，把牙膏涂在楼梯上面，在墙上乱画，拿人家的椅子当火车玩吗？这次，可不要那样做了。"本来爱德华已经忘干净了这些事情，这样一来又被母亲提醒，他不但不会改过，反而重新像前次地做了。

你送儿童到学校要离开他的时候，对他说："我走后，你可不要哭呀！"这正会暗示他，你一离开，他便立刻哭起来了。屡次地对儿童说"不要咬你的指甲""你不要咬你的指甲""你不要咬你的指甲"，正把这件事深深地刻在儿童的心里，让他非咬指甲不可。你不曾有过这样的经验吗？你某天用尽了全身的精力不要做或想某件事，结果都只是徒劳而已。倘若你有过这样的经验，你就可以知道你越想不要做某件事，你越要做那件事。在这里，儿童和成人是没有分别的。

倘若你不要小约翰常常将指头放在他的嘴里，就应当对他说："你的指头湿了。我们要使那些指头保持干净的，不是吗？"不要说："约翰呀，不要放你的指头在你的嘴里。"

除上述的环境对儿童习惯的影响之外，还有第二个原因，导致儿童屡犯不良的习惯：就是奖励儿童做你所不愿他做的事情。要记着，5岁前的儿童，最喜欢的是引起别人对他的注意和激起兴奋的事情来。恐怕这也是你不能制止儿童恶习的一个原因。

静儿每天把书拖出了书橱，你要问她母亲这孩子把书拖出了书橱以后怎样呢？她就告诉你说："她跑过来对我说，'看我做了什么事啦！'"小詹姆士打开冰箱门，倘若你不说什么，只是把冰箱门关闭起来，他就要说："妈妈，请责罚我呀。你忘记了。"

艾尔伯特不去睡午觉。他每天下午就说："倘若你叫我睡在床上，我就哭喊捣乱。"他母亲说她听见这话，真生气，简直不能和他说话了。你不知道艾尔伯特为什么告诉他母亲说他要哭闹喊叫么？他喜欢可以借此激起兴奋的景况。一个有名的儿童心理学家说，成人制服儿童的一个好武器，是不理的态度。不管他怎样，不要理他，同时却不要放松你的注意，常常会发生很大的效果。倘若把艾尔伯特放在床上以后，任凭他哭喊捣乱，概不理他，三四天以后，他便不再做这种无结果的挣扎了。

还有什么事会鼓励儿童做你所不愿他做的事呢？你虽没有这样的意思，但实际上你却是鼓励他做这样的事。静儿午饭时不吃新鲜的蔬菜。如果午饭吃得少，下午她就可以吃夹着果酱的面包或一块点心。如果她知道她不正经吃午饭，下午定会吃点心，她为什么会肯吃午饭呢？

当爱丽丝不吃午饭，或至多吃些山薯和肉片时，她就可多吃一块饭后糕点，因为她"必须吃够营养品。"倘若你是个小孩，你亦不是要少吃些正饭，可以多吃些你特别喜欢吃的饭后糕点么？这样的儿童，却是受着鼓励，去做父母所不愿他们做的事情。

当一个儿童常破坏东西，被成人叫作"顽皮"的时候，大半他是在满足其某种未曾获得满足的欲望。一个男孩子常把东西弄碎，没有一个玩具可以让他好好地保存，任凭你怎样说都没有效果，后来才知道这是因为他没有可以拆开、再拼在一起的玩具。他没有木块，没有一套工作的工具和木头。他甚至没有泥土可以玩。为使他改这种毁坏玩物的不良习惯，只要给他预备了一套小工具，一些木料和建筑的木块，他便能心满意足地玩去了，同时亦治好他那毁坏玩具的习惯。他的兴趣不是要故意破坏那些东西，而是要把东西拆开再拼合起来。

又一个儿童，他老是推他的小车在存放书的地板上行走，责罚亦没有效果，以后给他一些可以当作小车的大木板，他便不再那样做了。自然，这些木板当车道比书要好得多。以上的种种例子都告诉我们，要能为儿童的急迫需要寻找正当满足的方法。看一看你的孩子所做的，是不是在满足他的某种急迫的需要，而这种需要都可以用更有益的方法去满足。

还有一点，亦是在你的孩子做你所不愿他做的事的时候可以看出来的。他做某种不应该做的事得到鼓励的时候，是和得责罚的时候一样得多吗？小詹姆士有个习惯，就是永不理会以"不"字为最后的命令。一对他说"不要，你不能出去"的时候，他就开始向你要求、辩嘴、吵闹。这真是一个不好的习惯。詹姆士这样做的缘故，是因为每逢大人对他说"不"的时候，只要他能一直不停地吵闹、辩嘴，常常那个"不"字就可以做"是"字。倘若你要孩子戒除他的恶习，便绝不要在同样的事情上赏罚各半地对待他，就是说，不要为了同一事情有时惩罚他，有时却又去奖励他。

大概要戒除儿童恶习的一个最简捷的方法，是使儿童没有法子做你要他忘掉的事情。詹姆士用门柄把低桌上的花瓶打在地上。倘若没有瓶子放在这个桌上，这个问题便不会发生了。去除原因常是治疗恶习最有效的方法。

这里还有些例子：一个小男孩咬他的指甲，因为他的指甲和指甲周围的皮屑常是粗糙不整齐的。要帮助他脱掉这个恶习，是常剪修他的手指，不要使他的指甲长起来，也不要让指甲根有脱起的皮鳞。

詹姆士一看见他玩具上的钉子出来，或胶口开裂的时候，便立即毁坏了他的玩具。倘若这是他的原因，要治詹姆士的这种恶习，就应当时常查看他的玩具，开了的部分重新粘起来，把那些詹姆士能撕着的地方修补好。这都是些很简单的例子，要改变他们的不良习惯，最好的方法是去除暗示他们的种种情境。

你有别样的事让儿童去做，以替代不良的习惯么？替代行为是极好的方法。第一，先看儿童是不是因受了环境中的刺激，做你所不愿他做的事；第二，看你自己是不是在无意中鼓励着他做这样的事情。如果有这两种情形，就赶快停止，然后再找些别的事情给儿童去做，以代替你要他停止的事情。

一个16个月大的婴儿，将地板上的软毛捡起来放入她的口里；后来给她一个盛碎纸的小筐，她便不再放入口里，把捡起的东西都放入纸筐。纸筐东西满了的时候，她就和母亲拿到外面倒了。当然，孩子放入纸筐里的东西，不尽都是当抛弃的废物，如母亲的别针，所以纸筐内的东西在未抛弃之前，还得细心检点一遍。可是这和孩子放东西在她的口里比起来，是件极小的事情。

有一个儿童打开冰箱，玩弄里面的东西——以前曾提到过这个孩子——母亲说："我排桌的时候，你就可以帮助我了，你可以把我所要的东西从冰箱内拿来给我。像能帮助排桌的孩子，已经是大孩子了，所以除了在吃饭的时候，就应当把冰箱门关闭起来。"

又有一个小孩扭弄厨房的煤气管开关，母亲告诉他可以拿一小块破布擦摩火灶下面的铁柱，那是孩子的地方；煤气灶上面是母亲的地方。"小孩擦铁柱"叫"母亲弄煤气灶"。[1]

又一个小孩爬到桌子上面弄时钟，母亲便告诉他说："母亲在的时候，你可以看那个时钟。她可以给你打开。母亲不在的时候，我们就不到那个时钟跟前。你什么时候要看它，叫母亲就可以了。"以后的3天之内，母亲一天至少需来5次，给这个儿童看桌上的时钟。3天以后，儿童已满足了他的好奇心，因为好奇是儿童的一种需要。

又一个小孩子老是将父亲桌上的书拖下来玩弄，母亲便给了他几本他自己的书，并对他说："这是孩子的一堆。孩子玩一堆。父亲玩那一堆。这一堆是母亲的，母亲玩这一堆。孩子只玩这一堆。"于是母亲便不去动孩子的书，父亲亦是如此。这个小孩，不久便学会只去玩他自己的书了。

活动是童年生活的主要特点。倘若找不到活动的正当出路，纵然让你怎样惩罚他，儿童仍会沿续不良的习惯，亦许他会转到另一种同样坏的行为去。你一定要为他找一种好的活动来替代他坏的行为，不然，只去惩罚他鲜有效果。儿童正兴高采烈地做他愿意做的事，你忽然来了阻止他，加以惩罚，自然会给儿童许多的不快之感。

一个儿童到一个邻家游玩，去看他七八岁的小朋友们，人家就留他和他的小朋友们一同吃晚餐；他说他每天在家里需吃特别的饭食，在别家吃饭是不许的，他便动身回去了。可是他走到门口的时候，转回头问道："你们晚饭有些什么菜吃呢？"他们便详细地告诉他晚饭时吃些什么，于是他说："好了，我在你家吃饭吧，我会受一顿打的；但这顿饭是很值得的。"如果找不到适当替代的事

---

[1] Fenton, J. C., *A Practical Psychology of Babyhood*, Oxford, England: Houghton Mifflin Company, 1925.

情，儿童常常宁可受顿责罚，亦不肯误过不许做的乐事。

我们没有多谈惩罚，因为惩罚不宜多用。不过无论什么时候，如果儿童习惯太坏，对他或对别人有害处，就不妨使用惩罚。唯这种惩罚应当多是儿童自己行为的结果，即所谓"自食其果"是也。

以下是我们刚刚讨论过的问题的总结。每逢你的孩子有不良的习惯时，就应该拿以下的这些问题问你自己：①

第一，孩子现在做这件事，是因为他能使我未给他满足的某种欲望获得满足吗？比方，这是应当获得满足的好奇心的结果吗？

第二，我是在鼓励孩子沿续这个习惯吗？比方，这种行为能使他得到别人的注意和造成兴奋的境况吗？

第三，他因为这个行为所受的惩罚和鼓励是一样得多吗？

第四，我会找别的事情让他去做，来替代这个习惯吗？如果有，这种事和那件恶习，对于孩子是同样有趣吗？

第五，是不是我给孩子的环境使他非做这件事不可？

好习惯之养成

前节讨论打破坏的习惯时，我们曾说，使儿童继续你所不愿他做的事有两种方法。这两种同样的方法，亦可以养成好的习惯。第一种方法，是把孩子放在一个环境之中，使他自然而然地去做你所愿意他做的事；第二种方法是把你所愿意他做的事，安排得十分愉快。

给你的孩子预备充分的机会，练习你所愿他去做的事。幼小的儿童，学起来很慢，且极容易忘记。倘若你要你的孩子养成有礼貌的好习惯，不但在客人面前给孩子有练习礼节的机会，而且在家里和在每个人面前，都要求他做出好的样子来。倘若那是清洁的习惯，那就一定要你的孩子每次吃饭以前洗手，不能时断时续，因为隔些时候练习一次，不能养成习惯，而且在不练习的时候，儿童会练习相反的习惯。倘若他是要学习收拾他自己的衣裳，就让他每天自己当游戏一样

---

① 参看 Gruenberg, S. M., *Your Child Today and Tomorrow*, Oxford, England: Lippincott, 1914. "惩罚"一章。

地去练习。使你的孩子做你愿意他去做的事，不是因为你吩咐或提醒他，乃是因为他看见了那些东西自己要去做去。

一个儿童对于觉着愉快的事情，总会反复不断地去做，日久便养成了习惯。有四类事情可使儿童喜欢操作，觉着所做的事情愉快：第一类，一种成功的适意感觉，那就是他自己完成了些事情；第二类，做大家注意的中心，或引起些兴奋的情境；第三类，受别人的嘉奖；第四类，某种报偿，如到动物园去玩，或得到某种特别的款待。

成功的感觉，对于一个人的快乐极为重要。愿自己成就事情的欲望，皆出自自我实现本能的行动。我们每每努力做成一件事的时候，莫不适意自得。儿童和成人感觉相同，我们永不可过度地帮助儿童，使他失掉了自己做事的快乐。一个教子有方的父母所给予儿童帮助的分量，会促使其避免灰心失意而达到成功的目的。一个3岁的小女孩为她的泥娃娃盖一个床铺，她用她的小车载了大木块，一次一块地往她所要盖床的地点转运，并且很小心地一块一块地垒起来，一个很不当心的大人跑过来说："哦，那多么难做呀，让我来帮着你盖吧。"于是大人把其余的木块一下子拿来，开始替这个小女孩盖起来了。她没想到这个孩子哭道："让我自己盖吧。"如果木块太重，大人可以先问小孩要不要帮助，或找点儿更轻便的法子，前提是如果孩子肯采纳的话。

一个3岁的儿童勇敢地扣他自己的衣裳，一个大人却夺过来，急忙地替他扣上。这个儿童却亦同样地而且更伶俐地，把它们赶快解开重扣，他知道在自己扣的时候，会得到许多愉快的感觉。

成功的快乐感觉，应当一生永远保持。父母时常帮助儿童做能在工作本身内寻得快乐的工作，这是在剥夺了儿童一个最美的品格——为做事而做事的一种快乐。

倘若对于某种操作，儿童没能产生兴趣，你当想法儿把它弄得很有趣味，儿童就可在做这件事的本身中找到快乐。"游戏即儿童的工作。"一些游戏的精神，常会使工作变成了儿童的游戏。如果儿童不能拿游戏的精神去学习，我们在游戏中所要教训儿童的许多事情，便不会成功。

一个小男孩儿学不会加减的运算，在玩做买卖的游戏之中，竟都学会了。又一个孩子学不会乘法表，他便拿着每个乘数表当作一条龙，他自己当作一个兵丁，要战败它们。他每学会一个表以后，就把它刻在他的木刀上面，他竟也毫不困难地学会了它们。还有一个小孩很久学不会吃饭时的礼节，却在吃茶类的许多游戏中，亦竟学会了很好的礼节。你的孩子起初做一件事，完全是为了感觉愉快。他以后不断地去做，是因为习惯已经养成了。儿童要收拾各自的饭巾和掉下的零碎，是保育院中的一部分日常功课。他们在保育院住上一年以后，他们在家里吃饭时常会爬在桌下，扫除吐在地上的食物，即使父母不让他们这样做。食物吐在地板上面而不去收拾，他们是不能安心的。一个习惯养成以后，有其自己的惯性，会往下延续。用一年的工夫，训练三四岁的儿童放置他的小车或别的玩物，如果在吃饭的时候，他看见这些东西乱掷在地上，他就不顾做着什么，一定要起来，先把这些东西放在它们应在的地方。

  论到怎样把乏味的事情弄得快活，我们可拿保育院里儿童清洁身体和双手的习惯作例。他们差不多都是 3 岁半以下的儿童。这些儿童特别喜欢用胰子[①]，用自己的手巾，用标着自己记号的梳子。他们已经有了这种愉快的经验，受过别人的嘉奖以后，他们就无需大人来鼓励自己去做这些事了。这些事如果成人毫不加干涉，完全让他们去做，更使他们觉得好玩。试与这个两岁半的小孩的态度比较一下：每逢要吃饭的时候，便立刻把他抓过来替他洗手，并恼恨地说他是怎样的污秽，无怪他开始讨厌洗手了，以后只要洗手就尽力地躲避。那种亲自把手脸洗得很干净很漂亮、把乱蓬蓬的头发梳得很齐整的快乐，他是不会有的。倘若一个儿童已有了厌恶洗手洗脸的心理，可以用"儿童健康联合会"（Child Health Association）建议的几种方法，来改变儿童的态度。这种方法是儿童把洗脸当作游戏一样，手巾是船帆，脸盆是船，他是在海上行船，胰子亦可拿来玩的。要使儿童对他所做的事感兴趣，大人对他的操作的态度至为重要，如果你把工作看作玩耍，儿童就会喜欢它。倘若你的态度是"这是必须要做的事"，不管儿童喜欢不喜欢，他即使去做，也一定会尽力地躲避再做，所以不容易养成一个习惯。工作和游戏，愉快与不愉快之间的分别，只是一种态度上的差异，好的态度则是早年训练的结果。把事情弄得很有趣，成了一种好玩儿的事，可以帮助儿童养成任何习惯，从一对 3 岁半的孪生子就可以看得出来。给他们每天晚上吃鱼肝油，作

---

  ① 指肥皂。——编者注。

为一天之中做好孩子的奖赏，如果他们今天是十分得好，就给吃满满的一匙鱼肝油。

常常，你吩咐儿童做事的声调，已足能影响他的态度。倘若你的声调好像说："这件事不大好玩，但你必须去做。"他便不会想这是一件有趣的工作，而不愿意再去做。反之，倘若你的声调告诉孩子要叫他做的事极有趣味，他亦自然会把它看作一件愉快的事了。

使儿童感觉活动愉快的第二件事，是做大家注意的中心，或使他做引起兴奋的情境之原因。我们前面提出的第三件事——嘉奖，亦是使儿童做注意的中心。告诉他说他已做了很好的工作。他所盖的房子是个好房子，或他叠放的衣服看起来十分整洁，使他觉着他已得到了注意，并受到家长的夸耀。

只有在儿童将一件事做得很好的时候，才能给他嘉奖。倘若儿童也没有去完成一件工作的心思时，就不当嘉奖他。儿童应当在很早的时候就懂得，他们受嘉奖，是因为完成一件工作，不是因为他们是小孩子或父母疼爱他们的缘故。嘉奖使儿童做注意的中心，使儿童成为兴奋热闹的原因，与不合理的惩罚或你自己因儿童犯错的不恰当反应所起的兴奋，作用完全一样。我们应当容许儿童因好行为做大家注意的中心，或兴奋热闹的原因，而非他做了错事才成为人们关注的中心。可惜我们时常弄错，在儿童做了错事时，才给他注意，让他看出他自己激起了别人的兴奋。儿童做了你不愿他做的事时，绝不要注意他，使他看出他已引起别人的兴奋。

对于幼小的儿童，不能常用嘉奖的法子来养成他的好习惯。只嘉奖他已做成功的那一部分事情。倘若你尽注意了儿童的过错，如不收拾玩具，不打扫卧室，老唠叨这些过错，你便会使儿童讨厌起这些事来，往往在你理会到的时候，已经是晚了。嘉奖他已做完的那部分工作，并告诉他说："现在我们把这个玩具捡起，把这个抽屉关住，我们的事情便完了。"不要说："你看，你觉着你已经把你玩乱的屋子收拾干净了吗？看，这个玩具扔在这里，那个抽屉大开。"

因为儿童做了你愿他做的事，使他成为注意的中心，是使他养成好习惯的一个极好方法，和使他延续他的坏习惯是一样的有效。指示他做好一种工作所给你的快乐。当他做了一件有价值的事情时，可以给他注意，但不可拿他和他的兄弟姊妹来比较。这要教你的孩子明白他得到别人的注意，是做了社会所赞许的事情的一种结果，而不是因为他做了于己于人都没有益处的事情。

我们要常记得，当嘉奖好的行为，不当嘉奖儿童自身。不要说："你是个好孩子，已打扫了你的屋子。"要说："你打扫了你的屋子，那是件很光彩的事情。"不要说："你是个极有本领的孩子呀，能跳得这样远。"，而要说："你跳得真好呀。"，

一个久做儿童卫生工作的护士告诉我说，要使孩子喝牛乳的一个好方法，是叫那些已经喝完牛乳的孩子，去和他们握手，同时不要注意那些不喝牛乳的孩子。一会儿的工夫，那些之前不喝牛乳的孩子们便都跑来了，因为他们已喝完牛乳了。

现在要讨论使儿童做事感兴趣的最后一个方法，即是奖赏。用奖赏使儿童养成好的习惯，这是最下的策略。如果你要使用奖赏，应当在他已达到某种行为标准的时候。不应这样地说："如果你不再咬你的指甲，我可给你一个戒指。"应当这样地说："咬指甲的人，不愿别人看他的手。等你的指甲长长，你的手好看了的时候，我可给你一个戒指。"

倘若你对儿童说："如果你做好孩子，我就领你到动物园去。"这样，你使儿童感觉着他有时须做个坏孩子，才有机会赢得奖赏。可是倘若你拿同样的这件事，对儿童这样说："现在你已经做了好孩子，替母亲省了工夫，所以我们能游动物园去。"便会给他一个完全不同的印象。

一个3岁的小男孩，十分渴望着一个小汽机和一个木做的小火车，可是他总是在母亲离开时哭。他的母亲或者可以这样地对他说："如果你在我出去的时候不哭，我就给你一个小汽机。"不过，这样使儿童感觉他不哭是要得到报酬的。聪明的母亲则不然。她会说："母亲在离开家的时候，很小的孩子们才哭。这样的小孩子，不能有一个小火车，因为他太小了。等你成了一个不哭的大孩子的时候，你就可以有一个火车了。"这个小孩子说："我要做个大孩子。"以后她每次离家外出的时候，这孩子就说："我是个大孩子。"过了一个星期，他不哭了，火车就给了他。

拿奖赏贿赂儿童做好孩子，容易有两种不好的结果：一是在儿童很好的时候，刺激儿童专去学坏，为的是可以得到奖赏；二是让他觉着做这些他本应做的事，是需要报酬的。

一个儿童每次做好一篇算术卷子的时候，母亲就给他一个便士。过了六个星期的时候，这个儿童说："可是拼字的功课亦很难呀，我拼字还应该赚一个便

士。"一会儿他又进来说:"算术有拼字的两倍难,所以算数应赚两个便士。"到了一年结束的时候,一篇算术卷子母亲要花两毛五分的大洋,她不得不把这种贿赂的办法完全停止。倘若你要用奖赏,即是前面已经说过的,须在儿童达到某种行为的标准的时候,不是因为他做了好孩子才给他报酬。

所以在训练儿童养成好习惯时,有三个主要的意思要记在心中:第一,给你的孩子一种成功适意的感觉;第二,给他充分的机会,练习你要他做的事。幼小的儿童不但学得很慢,而且极容易忘记,倘若你要他做某件事成了习惯,须让他经过许多次的练习;第三,你要他所做的事情必须伴着愉快的结果。倘若把这些事记在心中,你就可以觉着,养成好的习惯,不会像你所想象中的那样难了。

第四章　睡眠、休息、排泄等习惯

除情绪的约束外，儿童在入学前应当养成的三种最重要的习惯，就是睡眠、休息和排泄的习惯。儿童在幼稚园的时代，把他们应当有的种种身体上的习惯完全养成，在入学之后便可以自然地把注意力放在所遇见的新事物之上，去专心学习。倘若儿童于这个时候，仍然在学习睡眠、休息、大小便、吃饭的种种正确习惯，那么他们把这些早已应变成自然行动的事情，便须时时地放在心上了。

睡眠与休息的习惯

在讨论儿童睡眠问题的时候，我们当记着，睡眠对于成年人的作用，是使他躲避繁重麻烦的事务，重新恢复精力，去应对明日的工作，但儿童的睡眠完全是另一种事情。儿童刚到能爬走的时期，便渐渐由其周围的事物获得各种有趣味的经验。这些经验非常有趣，吸引儿童的力量极大，往往使他不肯放下睡去。即使他已经卧在小床上的时候，白天里他玩弄过的那些特别有趣的东西，仍然会浮现于脑海，其声音仍不时打动他的耳鼓，使他不易安然入睡。布拉茨（Blatz）[1][2]说，能引起新生婴儿注意的东西很少，所以许多父母起初对他们的孩子，简直感受不到一点儿困难，但到了现在却处处觉得棘手了，特别是在儿童午睡和晚上就寝的时候。

儿童是应当活动的，除睡眠之外，他们就应当时时做种种试验的活动。儿童可能不容易培养起那种一卧而眠的习惯，换言之，儿童极不易使他的身体舒展。我们成年人都清楚这点——在真正的入睡之前，须使我们的身体完全舒展，不可用一点儿力量。儿童不明此理，但其睡眠的历程和成人的并无分别。任何非

---

[1] 原文为"博来琪"，今译作"布拉茨"。——编者注。
[2] Blatz, W. E. and Helen Bott, *Parents and the Pre-school child,*. Morrow &Company, Inc. p.73.

常的兴奋或情绪的紧张，都会使他很久不能入睡。成人在不能安眠的时候，或者会翻来覆去地生出些新的思想，亦许竟做出些惊人的工作。不然，他只在激起他烦恼的那种不幸的事情上转圈。这种心理的活动完全不是休息，倘若使它延长下去，便会发生身体上的疾病。儿童的睡眠不至于有这样的危险，但他可能会因太迷于一件东西的缘故，不能舒展，以致不能安眠。

要减除儿童睡眠的困难，第一个先决条件，就是和吃饭的习惯一样，须绝对有一定的时刻。睡眠、饥饿及其他身体上一切功能的活动，似乎都有一定的节奏。一个惯于晚7时睡觉的人，自然不容易一直熬到晚7时以后。反之，一个人过惯了不规则的生活，有时晚7时就寝，有时9时就寝，有时11时就寝，他纵然很早就卧在床上，但往往非深夜不能熟睡，这种无定时的睡眠，对儿童有同样的影响。

其次是儿童的身体状况。神经过敏或容易兴奋的儿童，多不容易获得睡前必须有的舒展状态。卡梅隆（Cameron）[1]提议处置这种儿童的最好的办法，是极安静地把他们带入卧室，然后让儿童把他的衣服一件一件地脱下，放在椅子上面，好像他是把这些东西放在床上，让它们亦去安睡似的。他脱完衣服后，床和睡眠已很深刻地在他心中给出暗示，他便毫无困难地睡去了。按卡梅隆的意见，身体过于强壮和神经过敏的两种儿童，都容易有抵抗的怪癖。可是，当他觉得在这个就寝的一幕中，他自己是个主要的角色时——如他把他的衣服一一地叠放好后——他便会很得意地自己爬上床去睡了。强有力的暗示，是让儿童睡觉的一个好方法，但这并不是说要对儿童经常提起睡眠的事情。

一点儿小病，消化不良，因睡眠不足的困倦，刺激太多，太麻烦的游戏，等等，都会对儿童有不良的影响。好像一个成人做了一天用力的工作一样——令他太兴奋，或太疲倦，反而不能成眠。所以儿童在吃晚饭后，不应当做粗猛的跑跳或热闹的游戏。使儿童兴奋，受伤，或被追逐的任何热闹的游戏，都会使儿童难以入眠。

有一个小男孩，父亲每星期有3次从公事房稍早到家后与他做许多热闹的游戏，可是后来发觉他这3晚的熟睡时间，至少要延迟到一个半小时之后。

---

[1] 原文为"凯木兰"，今译作"卡梅隆"。——编者注，参见 Cameron H. C., *The Nervous Child*. Oxford, England: Univ. Press, 1929.

又有一家的几个小孩，常于晚饭后玩扮印第安人的游戏。可是他们每次做了这种游戏之后，总是要卧在床上等很久才会入睡。而安静地玩耍木块、沙土、泥娃娃，或讲故事、或看图书，都是极好的睡前活动。

在儿童睡前，不要有任何争吵、斥责或使他兴奋的惩罚等事发生。但因为这是儿童疲倦、易犯脾气的时候，所以争吵、斥责亦往往会在这个时候发生。争吵仅能使儿童到更难应付的地步。因儿童不去睡觉和他争吵，是使儿童睡眠发生困难最重要的一个因素。没有人能勉强睡眠的来临；你自己失眠的时候，不妨尝试一下。你越强迫自己入睡，越不能成功。在儿童过了争吵或强迫他睡觉的时间，他甚至会不愿再睡了。

儿童在身体上遇有疾病的时候，常会有些轻微的失眠。父母往往会因此而关注，甚至发怒。父母们这样的态度，常会使儿童的这种不久即去的现象——即因身体的失常状态所生的暂时失眠——成了很严重的问题。

一个叫约翰的 14 岁的儿童从来在睡眠上没有感到过困难。可是在他患了 3 个星期胃病的时候，便时时地惊醒，不能安静地睡下去。于是他的父亲、母亲、祖母、两个姑母，都把约翰的失眠当作全家谈话的资料。不管他们谁遇见邻舍的时候，总要报告一顿约翰最近的病状。可是约翰的胃病好了之后，他仍继续失眠，一直到他们很长时间不再谈他的病状和对他的失眠该怎样医治等问题时才好。换言之，约翰不再失眠，就是因为家人不再拿他做注意的中心和引起兴奋的原因了。

偶然地变更睡眠的标准时数，和偶然地改变食欲，同样会激起兴奋。

晚上吃难消化的饭，或吃得太多，都会引起失眠。作者存着一个小孩的记录：他晚饭要吃两大碗粥、两条腌肉、一个鸡蛋、两大匙鲜蔬菜、一个夹肉面包、一杯极浓的牛乳。这样的一顿饭，成年人吃了恐怕睡得不能舒服，可是这个小孩，非得吃这样多的晚饭才行。

儿童睡眠最适宜的情景应当是这样的：一个远离街市喧吵的暗室（家庭里无谓的喧吵亦要避免）、一个或两个窗户（但从窗户掷入的物件须击不着儿童身上）、轻暖的衣服（不可太窄，以致妨碍儿童的活动）。最后的两个条件，是任何家庭都可以做到的。此外还有一件当注意的事，是儿童须独自睡眠。片外要暗示儿童的一切玩具，须放在看不见的地方。

父母的态度，亦会使儿童不能安睡。就是儿童整天的工夫——亦许他一生——太受父母的支配。可是世间最不能使用威权的地方，就是睡眠。儿童也许就用了这个武器——失眠——来抵抗太专横的父母。他会这样地执拗，甚至他自己感觉十分不安舒的时候，他仍然不睡。常受指责并感觉太受压制的儿童，很容易找一个最能使家庭不安的武器，去扰乱他们。如果不睡眠可做这样的一个武器，是必定被儿童使用的，任何威权在此处都是没有效用的。处置这种儿童的一个方法，是不要太注意他的失眠。

　　倘若儿童失眠是因为固执，故意不听话，那么我们就当从整个的训练儿童的问题上着眼，寻找补救的方法。

　　一个 3 岁的男孩子，是个独生子，父母常常逼着他做他们所希望的好孩子。于是他发现了孩子用失眠症抵制他们的方法。你可以强迫儿童做任何事情，只有对他们的吃饭、睡眠和大小便的习惯是无可奈何的。这三件事中，尤以睡眠是最不可以勉强的。刚才的这个小孩，便用失眠抵抗父母的过度专横。他这种抵制父母的态度，一直等到父母不再强迫孩子而代以正当的训练的方法以后才停止。

　　遇到儿童有这样的行为，父母最好是去见心理学专家或精神医学家，请他对孩子作个别的检查，指示一个处置其执拗的特殊方法。因为儿童的个性不同，所以绝不可使用邻家的小孩曾使用过的方法，或是由朋友介绍的方法。执拗是一个很严重的人格上的毛病。纵然没有影响到睡眠或吃饭，亦是极应当单独去医治的。

　　有些别的事情，倒是父母们能做得到的，例如，儿童睡眠时不要去打扰他，就是其中一件。作者记得有一个小孩，说他晚上就寝后，要用一个半钟头才能睡得踏实。和他家里的人做了几次简单的谈话后，作者就发现这样的情形：母亲先进了孩子的卧室，把帘子拉好，裹好孩子，把衣裳挂起，然后出去。过了几分钟，一个姑母又同样地进来，说她是要看一看孩子有没有睡好，要确认孩子是否睡得舒服。姑母出去一会儿，又进来祖母，祖母以后又是叔父。最后，又是父亲来打扰他睡觉。没有一个儿童处于这样的注意和刺激之下能睡得安稳的。倘若你时时去窥探孩子，看他是否睡好，亦不能使之安睡。这种情境的自身，已经够成为儿童警醒不寐的原因了。

　　睡眠的时间，应当随年龄而减少。今将 1 岁至 6 岁的儿童睡眠所需时数列下面：

初生至 1 岁，15 小时至 20 小时，午睡在内。

1 岁至 2 岁，14 小时至 17 小时，午睡在内。

2 岁至 3 岁，13 小时至 15 小时，午睡在内。

3 岁至 5 岁，12 小时至 14 小时，午睡在内。

5 岁至 6 岁，夜里 12 小时，午睡 1 小时。

布拉茨和钱特（Chant）[1]曾清楚地告诉我们，每个儿童所需要的睡眠时间，有极大的个体差异。在某一个儿童有 12 小时的睡眠已经是足够的了，在另一个儿童就需睡 13 个小时。有的儿童需 2 小时的午睡；有的儿童只需要 1 小时；甚至有些 3 岁以上的儿童竟可以完全不要午睡。

夜里和白天睡时不安静的状态、由睡眠能得到的休息的多寡以及由放在床上到熟睡时所需要的时间，各个儿童间都有不同的差异。

关于以上的种种问题，儿童都有很大的分别，都值得单独地去请教家庭的专门医生，他可以很清楚地诊断出每个儿童的特殊问题。他可以确实地告诉你，你的小孩需要若干小时的睡眠和休息。

午睡的长短，自然和儿童年龄亦有关系。作者看见过许多到了 3 岁的儿童拒绝午睡。应对这样的儿童，最好是告诉他说，他必须要休息几分钟；如果他不愿睡，就可以不睡，但必须休息一会儿。好些时候，他们会自然地睡了。有些儿童只休息一二十分钟。还有少数儿童，竟休息 45 分钟。按布拉茨和钱特两人研究的结果，大多数过了 5 岁的儿童不需要白天的睡眠。只有少数的儿童一直到 6 岁，是要在白天睡觉的。这个研究是在多伦多(Toronto)[2]进行的，恐怕在其他地方的儿童亦是这样。

户外的运动对午睡的时间和晚上的睡眠有很大的影响。因做各种有益的户外游戏而疲倦的儿童，比那些留在家里只安静地玩耍的儿童，睡眠要容易很多。

一个新由南方迁入的 3 岁的儿童，从前白天夜里一共要睡 12 小时，现在只晚上睡 6 小时。于是便鼓励他多在户外玩耍，但一概不提他不睡觉的事；不久他有了很大的进步，最后他竟恢复了以前 12 个小时的睡眠时间。

---

[1] 原文为"常德"，今译作"钱特"。——编者注

[2] 原文为"特兰特城"，今译作"多伦多"。——编者注

最后还有一件事要提出来讨论的，就是在儿童睡眠的时间内要避免任何令他惧怕的东西——如引起儿童惧怕的游戏、故事等。万不要向儿童说，如果他不睡，就会引发有什么东西如"捉他""拍花人"或"捉孩子的妖精"的联想，足以阻碍睡眠，或引起睡眠的不安，甚至会使儿童发生夜惊[①]。倘若儿童已发生了夜惊，就当去请教儿科医生，精神病学家或心理学家，让他来诊查引起儿童夜惊的原因。

排泄的习惯

儿童到了18个月大的时候，就应当养成大小便的习惯。到3周岁结束的时候，这种习惯就应当到完全成立的地步。早在孩子几个月的时候，如果孩子在白天不溺尿，夜里亦可以干净地度过。每个父母都应当去请教家庭医生，看什么时候应当开始训练儿童不随便小便的习惯和按一定的时刻大便的习惯。不过就大体而言，不论哪一个孩子，这种训练不应当延迟到1周岁以后。一经医生的检查，说这种训练应当开始之后，父母就应当记下孩子白天常大便的时刻，以后每到了所记下的这些时刻前几分钟，就把孩子放在便桶上面。虽然一般的父母都相信孩子的排泄是无一定时刻的，可是每天记录他大便的时刻，到一个星期之后，就会看出他们的排泄是略有定时的。一吃完早饭，是放孩子在便桶上最好的时候；行走、洗澡、午睡之后，亦都是儿童排泄妥当的时刻。

要养成孩子排泄的习惯，须记得应当把便桶常放在同一个室中，并且在同一地点。应当少有玩物放在孩子的左右，以免引起他的注意。游戏，是不应当有的。在孩子排泄的时候，给他玩具或游戏，很容易使儿童分心，使他觉得这是玩耍的时候，不是排泄的时候。

起初，应当按一定的时刻，把孩子放在便桶上。你不能来凭借孩子自己的记忆，或希望这样小的一个孩子会有充分的智力来告诉你他要排泄。自然，孩子到了他自己能告诉你的时候，就应当让他告诉你，亦应当稍稍夸奖他，说他已成了一个"大人"了。

惩罚永不可以和排泄时的情境相关联，亦不可以对儿童说他学不会排泄的

[①] 夜惊（night terror），睡眠障碍的一种，指儿童睡眠中突然出现的一种短暂惊扰症状。——编者注。

习惯。孩子永不应当感觉他学不来或不愿学习,因为这种态度对他的打击是使他在获得排泄的好习惯上产生困难的最大原因。

父母们应当晓得,在儿童已经有了一部分训练之后,有时亦会有意外便溺的事发生。任何新的环境、兴奋的事或疾病,都会使儿童倒退到早前的时期。意外的便溺甚至会增加起来。一个很久在白天不溺尿的小孩,这时竟不会抑制自己了。在这个时候,我们当一面医治他身体上的疾病,或其他原因,一面以信任的态度去鼓励孩子,他常会因此而恢复了以前不任意溺尿的好习惯。

各个儿童抑制大小便的能力,亦各有不同。有些儿童在 18 个月之前即可学会,但有些儿童,非到 3 岁不能学得这样的抑制。

伍利夫人 (Mrs.Woolley)[1][2] 有这样的一段话,提到训练好习惯不成功的几个最普通的原因:第一,训练的时候太晚;第二,训练儿童的态度不佳,反引起儿童的反抗,他故意尿湿他的衣服或被褥,以反制大人;第三,已将这种坏习惯造成情绪兴奋的原因,儿童故意那样做,是为了要满足使别人注意他自己的欲望,使他自己成为别人在乎的对象;第四,训练儿童的方法太严,使儿童的周围充满了压制的、无希望的气氛,已养成惧怕尿床的心理,但此种心理足以使儿童不能矫正此种恶习。他心理上受着尿床的观念的压迫,所以没有法子不那样子去做,他没有一点儿的信心,相信他可以脱掉这种恶习。一个儿童十分要讨大人的喜欢,但同时又怕自己没有能力,最容易陷于这类强迫症(Obsession,即受一种坏观念的强迫,做出他自己所不愿做的事 —— 译者);第五,有的失败是由于儿童太依赖母亲的缘故,多因儿童有一种要继续其婴儿时期的欲望,仍愿享受那时期母亲给予他的抚爱。自然,没有一个问题是单纯的,只含着上面所提的任何一种原因;不过在普通的问题中,大半只有一个原因最为明显而已。

总之,要训练儿童养成排泄的正当习惯,须使儿童按一定的时刻排泄。父母须用一种鼓励儿童的态度,除非他已到了可以照顾自己的年龄,便不可把责任放在他的身上。而且,让他负责任的时候,还须看他能力的程度。最后,在排泄的时候,须避免惩罚和任何可引起惧怕的情境。

---

[1] 原文为"渥雷夫人",今译作"伍利夫人"。——编者注

[2] Woolley Helen T. , *Enuresis as a Psychological Problem*, New York: National Committee for Mental Hygiene, 1927, pp. 4-5.

第五章　吃饭的习惯

一般的父母都很清楚地晓得，使儿童早日养成那些关系他们身心健康的吃饭的好习惯，是一件极重要的事情。而养成这种习惯最应注意的，就是要定时。产生饥饿的生理作用有一定的节奏，而这种有节奏的饥饿，便是形成日常吃饭习惯的要素。

普通出生的婴儿，每隔3小时须喂哺一次，以后每隔4小时一次。儿童渐长，便可舍掉奶瓶，而代以每日定时的三餐。或者在早午饭之间，喂以少许果汁。这种正饭的替代成立之后，就当严格地遵守时刻。布拉茨和博特（Bott）[①]说，有些父母虽然坚决地说他们按一定的时刻给他们的小孩吃饭，但仍会常有15分钟至20分钟的差误。这种不规则的习惯必须应当舍弃。

和定时同样重要的，是在儿童断奶的时候，我们要对他很谨慎地看顾，养成他对吃饭正当的态度。布拉茨[②]说，儿童学习吃饭，比他学习吃奶或吮奶瓶要困难得多。吮乳的反射动作是与生俱来的。只要你一触到他的口唇，一个机体健全的出生婴儿便会发生这种动作。断奶后的吃饭习惯，是把他们已有的一套吃奶的习惯完全弃掉，重新换上一套更为复杂的动作，必须重新适应。这时他须学习怎样咬、咽；不多时，又需学习用匙子盛起放入口里。任何人看护一个婴儿学习吃饭的时候，就会看到他需费很大的努力，才可以放食物入口。不然，总是会洒好些食物在两颊、下颌，甚至到头发上面。在练习这些运动直到适应的过程中，他还须慢慢地习惯各种口味，各种软硬食物，例如，比牛乳稍浓的汤汁，以及需要细嚼的肉类。除非父母情愿费工夫，不怕麻烦，肯去帮助儿童养成喜欢吃硬食物的态度，否则儿童不肯舍弃他的乳瓶。有时甚至到4岁的时候，他仍顽强地拒绝别的食物。

[①] 原文为"巴德"，今译作"博特"。——编者注

[②] Blatz, W. E. and Helen Bott, Helen, *Parents and the Preschool child*, Wm.Morrow &Company, Inc, 1929, p.49.

我们的婴儿保育院里送来一个 4 岁的男孩子。他的问题是不吃别的食物，只能用奶瓶吃市上购来的一种乳品，有时加一个鸡蛋。当这个儿童拒绝使用匙子吃东西的时候，他的母亲并没有用心训练他，而是用一种愉快的态度或玩耍的方法，引导他感受用匙子吃饭的乐趣。他越继续地使用奶瓶，越坚决地不吃硬食物了。最后，是在这个保育院里经过了长时的重复训练，他才学会吃，并且喜欢对他那种年龄健康和发育必须应吃的食物。

看一下儿童于坐在桌前用餐叉吃饭以前须学会多少习惯就可以明白，在一件我们成年人看来简单的事情上，他须学会多少动作。一个儿童须有很久的训练，才能使用器具，而且还需要他使用得当。起初，儿童使用匙子、餐叉的动作，十分笨拙。常是一半食物入口，一半食物都倒在脸上，吐在桌上面。

孩子开始练习自己吃饭的时候，父母最好不要多批评他。如果孩子学会了使用器具，那真是父母的幸事。作者常见保育院里的已经 3 岁的小孩，虽然自从他们才产生自己吃饭乐趣的时候起，就一直练习，但仍是乱吐食物。父母绝不应对一个学习缓慢的孩子为难。而且，父母反应当用同情的态度鼓励他，但不要多谈。

孩子开始学习餐具以后，父母就不应再喂他了，这样才可以使他的学习有所进步。因为除非孩子有很充分的机会练习，否则他不会学到什么的。父母应当用言语夸奖，鼓励他，而不应责备他，更不可以笑他的笨拙。不然，会使他感觉羞耻而尽力要成人喂他，借以躲避别人的嘲笑。亦有些孩子，反会故意地继续乱吃，以满足他惹人笑、引人注意的欲望。

父母必须晓得，学习吃饭的动作需要缓慢——把食物送入口里、咀嚼、最后咽下，因为它对儿童确是很费力的事情。在儿童开始学习自己吃饭的时候，如果他已显倦态，不愿吃完他所应吃的食物，亦不妨帮助他一下。随着他使用餐具的能力逐渐增进，这种帮助就需随之减少，最后应当完全取消。

孩子在被许可和大人一同吃饭的时候，还不应当让他整个一顿饭的时候留在饭桌。倘若你的孩子已经吃完一顿饭的第一部分，就可以让他起来玩几分钟，等着饭后的糕点。最好是等他一吃完正饭以后，立刻给他糕点。没有一个孩子能什么亦不做，静静坐着的。如果儿童找不着正当的活动，就要顽皮淘气。我们成人一顿饭往往要吃三四道的东西，而儿童至多有一道食物就已吃得满腹无隙。要这样长久的一顿饭工夫使他始终留在饭桌，势必养成他闲荡时间的习惯。

每让儿童吃新食物的时候，须十分地谨慎。不要预先告诉他，亦不可加以什么评论。一次，只可以让他吃一少点儿新的食物。新的食物须与儿童喜欢吃的其他食物放在一个碗里，好使他把喜欢的食物和新食物联系起来。一个很好的办法是将这种新食物和一种特别好吃的饭后糕点放在一起，特别是倘若新食物的口味很重的时候。这时就鼓励他把自己的盘碗吃得干干净净，便于吃那好吃的糕点。倘若和新食物一同给儿童的其他食物太多，恐怕在没有吃饭后糕点之前，他早就吃饱。在这样的情形之下，恐怕儿童不会吃完新的食物的。

儿童辨味的能力，在幼稚的时期较易获得。所以一经得到了医生的许可，就可以给儿童吃果蔬类的汤汁。口味重的东西，常会使儿童退缩。这时不要勉强他吃新食物，只是天天毫不勉强地给他吃，一直到他高兴吃这种食物的时候。

父母对新食物的态度是极其重要的。父母需做好似自己喜欢吃这食物的样子，但亦不可过于装模作样，因恐孩子看破你的马脚。孩子消化不佳的时候，不要给他新的东西吃。给他新食物吃需等他特别活泼、食欲大增的时候。同样的食物，往往因给他的方法不同，会引起儿童喜欢和拒绝的两种心理。例如把龙须菜放在面包片上，好像木料装在船上一样，儿童会喜欢吃的；没有面包，只给他龙须菜，恐怕他不会去接近的。

如果给孩子的食物因加入太重的调味而弄坏了，但过些日子以后，仍可以再给他这种同样的食物，但口味应略为变更一些。

有些儿童专家说，如果很早的时期就给儿童吃果汁、菜汤，则在他断奶之后，给他吃新的食物则不会太困难。

家里人在吃饭时做事，亦会搅扰孩子的注意，使他不能吃完。饭桌上的争吵、太多谈话、对孩子注意力太过刺激或任何兴奋的事，都不会使儿童安然地吃饭。因周围的玩物太多，时常给他刺激，或有些成年人时常对他讲话，亦会有上述的结果。这两类的情形，应当避免。

一个4岁的小孩是独生子，父母许可他把一串毛和木头做的小动物排列在他饭碟的周围。他每举起一匙食物，就要去喂一个小动物。他在这些玩物上费了很多的时间，所以吃不够补充营养的食物。

又一个4岁的小孩只忙着听他长辈们的谈话，或他自己对这些喜爱他的听众讲话以外，便没有一点儿工夫来管吃饭的这件麻烦事了。

有好些时候，父母们发现孩子吃饭的困难问题早已形成；或者，他坐在饭桌上只是浪费东西；或者，他挑三拣四地挑选饮食；或者，他拒绝吃他身体发育应吃的数量，但这些问题必有种种背后的原因。要解决问题的唯一的方法，是详细地分析其所以造成的原因。原因一经找出，便可以设法消除。

　　关于任何吃饭上的困难问题，第一件应注意或消除的是儿童身体上的变态情形。详细地给儿童做一个身体的检查，看他有没有毛病。呼吸器上的任何疾病，都很能影响儿童的食欲。作者曾见有好些儿童割了扁桃体（tonsil）[①]或鼻内的腺样增殖体（adenoids）[②]以后，不久就食欲大进。

　　太疲倦的儿童亦容易发生吃饭上的困难。倘若你的孩子睡眠太少，或者他常做别人注意的中心，因此受过度的刺激，或者他没有适当的休息，或者他玩得厉害了，到吃饭时已现疲乏的状态——诸如此类的情形都会阻碍儿童的食欲。一次我们研究一个儿童的睡眠时数，发现了给他定的睡眠时数仅仅与成年人应有的相等。他终日的活动，没有一点儿睡眠或休息。他家里必须时常预备特别的饮食，以提振他的食欲。

　　饭前做片刻的休息，常能增进食欲。卧在睡椅或床上，作松弛状，一二十分钟即可。但不可强迫儿童作此休息，不然他因挣扎必更会疲倦的。

　　一个4岁的神经过敏的儿童，因常做游戏过于疲劳，每吃午饭的时候，常要发生麻烦。后来就鼓励他在饭前做1小时安静的游戏，继以十分钟的休息。他拿睡椅当作卧车，或轮船上的架床。这个改变，使他的食量渐渐增加了。

　　养成吃饭的好习惯之最重要的一个要素，是良好的健康的胃口。任何身体上的缺陷或疾病，或睡眠不足，或常发脾气，都足以影响孩子的食欲。

　　倘若你的孩子不吃饭的时候，就拿这些问题问你自己：他拒绝吃饭可使他成为注意的中心，或引起兴奋的情境吗？家里的人们常批评他的胃口不好吗？你们曾打听每个邻舍，当他们的孩子不吃饭时，他们怎样吗？倘若有以上的任何情形，就须立刻矫正。因为纵然儿童没有身体上的毛病，这些情形的自身，也会促成儿童对饭食上的严重问题。

　　一个4岁的小孩在吃饭上发生困难已有两年之久。我们发觉他的家里人时常

[①] 原文为"扁桃腺"，今译作"扁桃体"。——编者注。
[②] 原文为"腺状体"，今译作"腺样增殖体"。——编者注。

拿他做谈话的题目。一个祖母、两个姑母、一个叔父，还有他的父亲母亲。吃饭时不是互相谈论他，就是对他讲话。结果使他过分关注自己，时时要装模作样以自炫才能，反把应吃的食物置之不顾。

在吃饭上发生困难的问题，亦许是由于家里人太固执的缘故，因此引起儿童的反抗。或者，他拒绝吃饭起于一种执拗的性癖。这类的行为，叫作"消极抵抗主义"（Negativism）。

第三种原因，是家里的人素来就抱一种消极的态度，预料儿童一定会不吃饭的。他们坐在桌上互相吵嚷，说儿童定会不吃饭的。或者虽不说什么，但他们的态度在暗示着儿童将拒绝吃饭。造成儿童吃饭上的困难——不论是拒绝吃饭，或是胃口不好，或是挑剔食物（finickiness about food）①，总不外以上的几个原因。

浪费食物或者是由于上面说过的身体上的原因，或者是因儿童借此可多得到别人的注意。作者最近认识的两个家庭，他们的儿童能引得别人注意的唯一机会，就是吃饭的时候。因此儿童吃饭，每次要延长好久，其目的是要延长别人对他们的注意。

挑剔食物，即过细地挑选食物，多半是因家里人过分地谈论儿童对食物的喜恶，或者因为儿童从来就不喜欢某种食物，或者因为他第一次吃这种食物时，烹调得不好，味道太劣，或者是因为他看见家里有别人不喜欢吃这种食物。

有一个5岁的儿童被送到著者的办公室来，要诊疗他挑剔饮食的毛病。著者开始和他谈话的时候，他就数了许多他爱吃的和不爱吃的东西。我们明显地看出，他自己感兴趣的，就是喜欢和不喜欢吃东西的事情。调查之后，我们才知道他是家人时常谈话的题目。他家里的人极关心而时常讨论他的食癖。

许多儿童不喜吃某种食物是因为食物口味太重，或食材特别。所以我们起初让儿童吃一种新食的时候，须格外小心。因为若非使愉快的情境和这种新食物联系起来，则那种特别不惯的口味和材料足以影响儿童对新食物的态度。从我们成年人学习吃橄榄和鱼子酱（cavier）的过程，就可以看出口味的性僻完全是学得来的。那两种东西的滋味是极不自然的。

我们往往烹调食物的时候没考虑到儿童自然的口味，亦会使儿童讨厌那种食物。菠菜里加上醋、附满面浆而又没做好的肉杂脍，还有极咸的腌笋等菜，是

---

① finickiness，指对事物过分讲究。——编者注。

几种儿童最不喜欢吃的食物。这是著者的经验。

有时儿童不吃某种食物，是因为他听到家里人说那种食物味道不好。例如"我常讨厌牛乳，真难吃死了"或"为什么他要吃那种像绿草似的菠菜，我自己是恨透吃那东西的"或"绿豆芽正像一条一条的虫子，你吃那种东西，我真有些不懂"诸如此类的言语，都足以使儿童厌弃这些食物。

著者的一个朋友一次在桌上说道，他恨不得把菠菜碗里放上根毒草，从此就再没有人吃它了。他的3个孩子恰巧在座，这样，自然很难希望他们喜欢吃这种东西，以后他们3个果真不吃菠菜了，而且有两个在每次叫吃菠菜的时候，竟大发脾气。

以下是养成吃饭的好习惯的8个法则，是由许多专家的意见得来的，亦是曾经在《儿童幸福》杂志发表过。今转录于此章末尾，以作参考。

1. 立一个好榜样——把你自己盘里的东西都吃干净。
2. 趁早着手训练。
3. 每逢叫儿童吃一种新食物时，须先给予少许。待儿童习惯后再逐渐增加。
4. 永不要让儿童听见你或家里人说不喜欢吃某种东西。
5. 不可谈论儿童对某种食物暂时的怪癖。
6. 鼓励儿童养成以食量大、不择食而自豪的态度。
7. 儿童的饭食须简单，太甜太咸都当避忌。
8. 儿童吃饭时没有吃一点儿东西，在正饭以外就不让他再吃零食，只可以给他水和果汁喝；特别的饭在给孩子吃之前，须经医生许可。

能遵守这些法则，可以免去儿童吃饭的许多困难问题。婴儿时能严格地遵守它们，尤其可以养成儿童成长过程中吃饭的极好习惯。

我们须记得：普通的父母终日惶惶，唯恐他的孩子吃不够一定的食量，在儿童食欲稍有改变的时候，便立刻不安起来；其实，这种情形是每个儿童所不能避免的；倘若儿童的身体健康，一顿甚至两顿饭不大想吃，都不应该急躁起来，更不应当讲出来。许多问题，都是由于儿童少吃饭或不吃某种食物时，父母太担心而造成的。

第六章　发脾气与争吵

　　普通的青年父母们，多半看见他们的孩子因一些小事 —— 至少在他们看来是小事 —— 发怒的时候，都觉着莫名其妙，认为孩子们太无道理。可是不久，这般青年的父母们便可以了解儿童发怒的原由；原来凡妨碍了儿童的意愿，或阻止了他的动作 —— 如紧握着他的手不动 —— 的时候，都会使他发怒的。除非儿童受了不正当的训练，只要他活着，在你阻止他的目的或行动时，他就不能不显示愤怒。这是他的天性。

　　引发愤怒的一个自然原因，就是个体的意向或行动遭受挫折。倘若你要试验一个正常的成年人，你只须偷偷地随在他的后面，趁他不备的时候，猛然将他的两臂紧执，贴在他的两腰不放。差不多，他的愤怒会立刻起来。他一经发现这是一个朋友开玩笑时，他的愤怒亦就立刻停止了。

　　你在街上赶上一个人的时候，背上打他一掌或突握他的两臂，就可以激起他的愤怒。婴儿时对行动受阻止的反应，已移存到成人的这两种经验里了。新生的婴儿仅会因肢体的动作受阻止而发怒，以后他的这种经验逐渐发展，无论阻止了他的任何活动时，都会使他发怒。

　　出生后 6 个月的儿童，在给他穿衣的时候，他常会有发怒的表现。握着他的手往衣袖里穿，系小帽在他的头上，都是束缚儿童行动的，无能为力的婴儿只好报之以哭喊怒号。华生（Watson）说，以游戏的态度给儿童穿衣，便不至引起儿童发怒。这话似乎有些道理；不过父母们要用游戏的方法给儿童穿衣，须十分地谨慎，不要使儿童将这种穿衣的游戏养成了牢不可破的习惯。不然，在他们长大之后，仍要继续这样的穿衣方法，借以延长他的游戏时期。

　　愤怒和人类其他的行为一样，都可以按一定的法则养成习惯。惹起愤怒的次数越多，愤怒越容易发生。所以从一个婴儿自出生后，就当尽力避免能引起他发怒的刺激。免除引起愤怒的刺激的方法，在第一章里曾经讨论过，就是时常发怒是会妨碍儿童在服从上的训练的。

在讨论惧怕的时候，我们曾说过，应当尽力避免使儿童恐惧的事。倘若恐惧已经造成，就当尽力使他重建条件反射（reconditioning）①。

然而愤怒尚不应当使其消减。倘若没有发展到发脾气的恶习，那么愤怒有很好的用处。在中度的愤怒之下，一个人可以完成非常的事功，克服平日所不能克服的困难。例如，有些人关心某种社会改造运动，虽经过了多少年月的努力仍成绩很少，然一旦这个运动受到了抨击，这些参加运动的人立刻愤慨激昂起来，他们的运动亦因之而成功了。某母亲会的会员们看见了孩子们上课的教室拥挤不堪，因而非常生气，她们要捐募一间新的教室。只要你给她们一个合理的设计，她们会不顾一切地去花大力气作募捐运动。倘若又一个母亲会的会员，她们虽然要改造这样一个新建筑，但没有一点儿激烈的情感作用，恐怕她们终没有好的成绩出来。

为正义发怒的天性，实在是人格的一种好资产。倘儿童对不公正的要求或凌辱他的人不作抵抗，则他将来的前途真不堪设想。他不但不易获得每个儿童在教育上应有的种种经验，而且他不会战胜社会和自然界给他的种种困难。

父母能训练儿童见了不公平的时候发怒，并且在不需要的时候就不要发怒。这样的训练，第一个先决条件就是免除无谓的冲突，因为发怒的习惯之养成，和其他习惯一样在于不住地练习。屡次地烦扰儿童，或不论大小事和儿童争闹，都会和儿童发生冲突；像这一类的态度，应当竭力避免。

倘若儿童对他接近的成年人有信任，他就会按成年人的话去发怒。例如这样的话"大孩子对那事是不生气的"或"倘若看见小孩子受大孩子欺侮的时候，每个大孩子是应该生气的"……倘若你能如此教导儿童，并且他对你有信任，他后来就会遵着社会的标准发怒；除非是万不得已时，他亦可以抑制社会礼教所不赞许的愤怒。

两岁后的儿童就不应当有发脾气的事，因为发脾气时儿童的生理作用完全失和。你曾记着你自己在极度的发怒以后，感觉怎么样？你觉着气塞、头痛、不思饮食，如勉强进食亦不能消化。你的孩子发过很厉害的脾气以后，亦会出现这些症状的。

---

① 原文为"重新交替的训练"，今译作"重建条件反射"。——编者注。重建条件反射就是再受训练。一个儿童被重建条件反射之后，对某种刺激的反应和以前完全两样。例如，一见狗惧怕而逃避的儿童，经过了重建条件反射即再受训练之后，就敢走近狗，而且敢抚弄它。

那么发脾气究竟是什么原因？倘若你的孩子常常发怒，就让医生详细地检查他的身体。发脾气最重要的一个原因是身体上的疾病。儿童深夜还不就寝、吃不易消化的食物、跟着人乱逛的时候太多，或每有客人的时候就出来自我展示——这样的儿童都会因疲劳而不高兴、发脾气。儿童的牙齿不好，视力不佳——特别是眼球肌肉上的毛病，因鼻内腺样增殖体或别种原因导致的呼吸不爽，都易使儿童烦躁发怒，和疲劳后的结果一样。营养不良和消化器的疾病，尤易使儿童易怒和发脾气。营养不良常会使儿童有不服从的现象，因这样的儿童没有充分的精力去完成给他的任务。

先检查你的孩子身体上有没有毛病。如果没有，再问你自己对于他是不是管束过严。再看一看你吩咐他做一件事的时候，要对他讲说几次。以前我们曾提过一个小孩，在两小时之中，父母要吩咐他120次之多，73次是告诉他不要做，47次是告诉他去做，他却没有服从一次。这就是处置不当的一个好例子。这个儿童发脾气是因为他受搅扰太过。如果你家里有许多人，就绝不要使他们在帮着你管束你的儿童时，亦像上面的例子一两分钟就给他一个命令。他们应当帮你找出教养儿童的法则。除非儿童破坏了这些法则，就不应当干涉他的行动。这是指那些重要的法则而言。不得已的时候再吩咐你的孩子，但总要给他充分的时间和许多玩耍的东西，这样你就不至于常常去麻烦他。对儿童管束太严只会产生许多别的情形，和好发脾气一样不好。有些儿童会变得倔强，永不听你的吩咐。有的儿童最后不再和你争执，一味地任你管束，他们不用一点思想，亦不能做一点独立的事情。至于这两种情形——倔强和完全屈服——哪一个对儿童的影响更为恶劣，便不易说了。

3岁的菲力克斯（Felix）[①]让任何别的儿童把他的玩物拿走，无论他对这个玩物是如何得喜爱。他见别人夺了他心爱的玩物时，唯一的反应是鼓嘴呆视，有时流出几滴泪来。但无论他受了多大的阻碍，也不抵抗。这种彻底的不抵抗是一种变态人格，于是我们便考察他这种行为的原因。后来我们发现他在家里须处处对他两岁的弟弟让步，母亲不给他任何抵抗和辩驳的机会。他在家里的生活，就是不住地放弃他所有的东西和他愿做的事情。到他4岁的时候，仍受这种恶劣态度

[①] 原文为"费立思"，今译作"菲力克斯"。——编者注

的影响，不能充分地获得他在成长过程中应得的种种经验。他不能长久地玩耍一种东西到熟悉的时候；他不能按自己的意思做一件事情，借以练习他的恒心；他更不能发展战胜困难的能力。在这些事上他都没有得到训练，极易受到暗示，缺乏抵抗力；而他的弟弟却倔强、自私。这是两类再坏不过的品格了。

第三件要看的是：我的孩子从发脾气中能获得什么吗？曾有人笑他，是他想自己顽皮吗？他发脾气时他要什么我们就给他什么，借以使他安静吗？他发怒时能得到别人的注意吗？倘若有这些情形，就当设法使他们立刻停止。发脾气并不是好玩或伶俐的行为，乃是一种严重的行为疾病。

爱丽丝（Alice）常发脾气已有 3 年之久。她每次发脾气的时候，她的母亲、两个姑母、一个保姆、一个祖母便立刻都跑来，看有什么事发生。因为爱丽丝无论在什么地方，只要一犯脾气，全家就停止工作，来到她的跟前，所以她会继续发脾气。以后她家里的人不大注意她了，她的发脾气亦渐渐停止，但非常地缓慢。

父母们应当记住，行为的疾病不能立时除去。倘若你要治疗孩子发脾气的毛病，就须打定主意，只能慢慢地减少，不能立刻停止，除非在极特别的情形之下。要矫正这种毛病，大半的儿童须经过 6 个月的训练。

有些父母、长辈竟视孩子发脾气为可笑、顽皮。不久以前，一个 3 岁的孩子的叔父问著者说："你愿看些好玩的事吗？"著者告诉他说，她并无心看这样的事。可是这个叔父仍开始去戏弄这个孩子，不到 5 分钟，这个 3 岁的小孩便大发脾气，哭喊，在地板上打滚。而这个无情的叔父反而说："看呐，不好玩儿吗？他生气的时候非常好玩。"这个叔父的这种行为给他的小侄种下了不良的种子，会使他日后在行为上感受困难。因为叔父对他的这种行为使他减低了不少抑制的能力。恐到他长大之后，仍受其恶劣的影响。

马丁女士（Lillien Martin）[1]引证过一个商人的例子。这个商人在他的企业上极有成就，但常有爆发脾气的时候，完全是由于幼时所造成的习惯，颇似前面的那个孩子。他小的时候，他家里的一个人常把玩物放在他刚探不着的地方。等他挣扎了半天，把玩物得到手里以后，这个人又把玩物从他手里夺去，放在远处。

---

[1] Martin, Lillien and Clare de Gruchy, *Mental Training for the Preschool-age Child.* Oxford, England: Harr Wagner Publisbiug Co, 1923,

这样处置儿童的方法，是绝对不应当有的。

倘若你的孩子没有发脾气的毛病，只是在不如意的时候发怒，他就是很正常的一个小孩。这时当对他说："大孩子们是不会因那件事恼怒的。"如果能离开他，就让他自己去想一想。但我们要孩子对某些事情有愤怒的表示，比方对他这样说："小朋友们受伤害的时候，我们要打抱不平的。"或是你看见像他这个年纪的小孩随便可以把他的玩具拿去，就对他说："别人要我们的玩具时我们可以给他们，但他们要必须很客气。"你的孩子受凌辱的时候，你应当让他去抵抗。你不能让你的孩子永远不发怒，而是要他为正义而发怒。

孩子们在开始和别的孩子玩耍的时候，亦就渐渐学会吵嘴。这是意料中的事，除非他们闹得很厉害，到互相伤害的地步，否则父母们就不必太注意他们的争吵，因为儿童们对于这些争吵的事比你忘得还快。倘若你一加干涉，反使他把这种不久即消减的行为看得严重起来。如果儿童们不太搅扰大人们做事，就可以任凭他们自己去互相争辩。我们常因那些搅扰人的争吵，学会怎样适应人的方法。许多儿童喜欢那些兄弟姊妹间的争闹。

一个母亲干涉一个 4 岁的女孩和她 5 岁的哥哥争吵，她刚走开，就听得这个女孩儿说道："母亲不可恶么？一点儿亦不让我们玩笑，连我们打架都不让。"

有一个 9 岁的孩子，母亲告诉他说，永不许他和兄弟姊妹们吵架。他说："哼！不让和他们吵架，要这个家庭干什么呢？"

倘孩子因嫉妒或家里别的纷扰而互相打架，那就是很严重的问题。这类的争吵须立刻找出原因，迅速解决。有时到了青春期的孩子多态度苛刻，总嫌他的弟弟妹妹行为太坏，不合他自己的标准，因此会发生许多争吵。结果，他们存了怨恨的心理，拿嘲弄的手段去报复他。像这类的争吵，须很谨慎地处置，并须尽力地向他们说明孩子到了青春期和未到青春期的分别。

倘儿童继续不断地吵架，父母再无法忍耐下去，就先把他们隔开一会儿工夫，并对他们说如果他们不能在一起好好玩，就须分开各人自己去玩。这种简单的处置常有很好的效果。

倘孩子们太好吵架，就应当去注意他们，恐怕是因孩子互相嫉妒，或有情感上破裂的地方。总提及某一个儿童，或给某一个儿童特殊的待遇，或总指出来某一个儿童的好行为，或他学校里的好成绩，对别的儿童却一味地不理——类似这样的情形，最易伤害儿童的感情。疲劳过度、休息太少、过度的户外游戏、营养不佳的饮食，都可使儿童易于发怒和吵架。

7 岁到 10 岁之间的儿童，似乎特别地好吵架。倘若你看一组 9 岁的儿童打棒球，就可理解这种事实。他们玩时少而吵时多——谁应该掷球啦？谁应该接球啦？谁应该打球啦？诸如此类的问题，吵个不休。这种球类运动的真正乐趣不在玩球，却在吵闹之中。倘若和你的孩子一起玩的那些孩子们争吵得太厉害了，就把你的孩子领出来，可以同样地用止息他们在家里的争吵时所持的理由向他讲道理。

孩子到 12 岁以后，就应当渐渐减少争吵的事情，入青春期以后更应当减少。这并不是说大孩子和幼儿没有很多的争吵，因为青春期的孩子常觉着他应当指责他弟弟妹妹们的毛病。其实，儿童在这个时期中多有显著的好批评人的态度，但常在他的弟弟妹妹身上寻错，甚至他的父母们都逃不出他的指责。

3 岁至 3 岁半的儿童就不应当再发脾气。争吵停止的时期最晚不能过 14 岁。这时儿童当看清事理，每和别的儿童发生不和的时候，断不能再将自己应认的过错推诸别人，或归咎于他所玩的东西。认识自己的过错，是一个人处世必需的智慧。换言之，清楚的思想是一个人最要紧的一种品格。

倘若你的孩子们还未十分长大，就不要担心他们的争吵。在儿童的发展中，争吵有相当的时期和地位；但它所占的时期和地位，却不能太超过它应有的限度。

第七章　儿童的惧怕

为什么我的孩子会惧怕呢？惧怕是怎样发生的？有什么补救的方法？这都是父母们讨论儿童问题时常常有疑问的。其实你的孩子一生下来并没有很多惧怕的东西——按华生（Waston）的试验，初生的儿童只有两种惧怕——就是怕大声音与忽然失去了身体支持的坠落。除这两种惧怕以外，任何惧怕都是由经验造成的。

许多人的惧怕，都是在幼小的时候于不知不觉之中养成的。成年人往往把儿童抛举起来然后接住，以为这是儿童极喜欢的经验，因为可使他剧笑不止；然而事实并不是这样，因为从这样的经验里，儿童得到一种忽然坠落的感觉，这样的感觉是引起初生儿童惧怕的两种刺激之一。

丽莲·马丁博士（Dr. Lillien Martin）说，有一个小孩子，一被放在他的小木栏床里时，就会惧怕。这个惧怕的起源，是他父亲和他玩耍的时候，常把他抛起来，然后接住，于是每次父母把他放在小木栏床里，撤去两手的时候，他因感到身下失掉支撑，便立刻惧怕起来，和他父亲把他抛起坠下时引起的惧怕，完全相同。

父母们应尽力使孩子避免任何不安全（insecurity）的感觉。孩子觉着他不能讨父母的喜欢时，就会有不安的感觉；往往父母对孩子的希望过高，孩子不能按他们所希望的去做，亦会感觉不安起来；还有父母屡屡提到孩子的过错，总不去鼓励喝彩他，亦会引起他心中的不安。以上这些不安的心情，都是惧怕的产品，和幼儿忽然下坠时所起的不安感觉毫无二致。不但应使初生的儿童避免坠落的感觉，而且凡使儿童感觉不安的任何情景都应禁止。孩子在升降机内下降时，亦会引起由空中坠下所起的惧怕。也许你可以理解有些儿童一进升降机便啼哭起来。父母应当紧握孩子的两手，或用别的方法减轻孩子这种由空降落的痛苦经验。

父母应当使孩子避免那些引起惧怕的经验，这是父母的责任。

造成儿童惧怕的第一个原因就是声音。巨大的声音亦能引起儿童的惧怕，所以父母应当使孩子避免这些经验。著者曾看见一个6个月大的婴儿，正值乳瓶喂哺期。一次，他忽然对乳瓶惧怕起来。我们追溯这惧怕的起源，才知道完全由于这样的一件事情：一天他的母亲正把瓶嘴放入孩子口里的时候，她一不小心，把煮牛乳的铁锅由桌上摔在地下，砰的一声，遂把这孩子的惧怕感立刻激起。于是他把乳瓶推开，不再吃了。后来另换了一个新乳瓶，他才继续吃。因为这种对大声音的惧怕，已转移成对乳瓶的惧怕了。

　　幼小的儿童，尤其是新生的婴儿，总是不应当听巨大的声音。大人的喊叫、关门的尖声，应当尽力制止。可是如果孩子没有疾病或神经过敏的毛病，就在他睡眠或休息的时候，就不必使卧室里一点儿声音都没有。孩子对那些平常的、在他熟睡时不致惊扰他的声音，应当习以为常，毫不介意。

　　谈话亦容易使儿童发生惧怕的心境。刚能听得懂话的儿童，如果对大人有信任，大人告诉他某种东西可以伤害他，他就惧怕某种东西。成人们谈论雷电造成的巨灾、汽车闯下的惨剧、强盗的劫掠、房屋的失火等可怕的事情，都会使儿童生出对这些事物和景象的惧怕。倘若可能，就不当使儿童惧怕任何事物。应当训练他们对危险的事物谨慎就够了。例如，儿童走过车马杂沓的街市，父母应当教他特别小心，但不要使他惊恐。凡驱车经过学校的人，都见过许多儿童在车子走近的时候，不立刻躲至一旁，却站在街心做恐惧的状态，这都是由于家庭和学校里的教导不周之故。我们应当训练他们在这样的情境之下能特别小心，但事实上我们给他们的教训却使他们惊慌失措。应当告诉你的孩子在过街心的时候，须注意两方面，看有没有车马走来，绝不可向他说孩子们怎样会被汽车撞到和轧过。总之，须使他会在危险的情境中特别谨慎，却不要使他惊怕。

　　我们不要教儿童惧怕危险的情景或惧怕他自己的能力不足以应对一般儿童常遇的情境。当常常地告诉儿童：倘若一个人怕他自己学不会念书、写字、算算术等，他愈感觉他自己无能，也许，他就真的学不会他所惧怕的那些课程了。

　　我们应当尽力培养儿童的自信力。嘉许他的成功，鼓励他战胜困难。在他失败时，引导他用新的方法再去尝试。儿童具有的最宝贵的资产，就是"自信心"。应当培养一个人的自信心，但不可自负。只去称赞儿童所做的事，却不要夸奖儿童本身，就是令他自信而不流于自负的一个好方法。常常批评儿童和他所做的事，亦不给予嘉许，最易造成儿童自卑感①（inferiority feeling，即自觉不如别人之感。）

按学校的记录，每年都有许多儿童不去学习某门功课，是因为教师或父母太常提及儿童在这门功课上的笨拙，儿童用整篇学习的方法（Whole Method）②。在起初的几个礼拜中，不会有显然的进步，于是有些父母便焦急起来，觉着他们的孩子永远学不会了。他们把这种惧怕的心理在无意之中传给儿童，因此儿童的学习便愈发慢了，甚至停顿。父母们这样的态度，使儿童自己惧怕他的无能，比父母怕得还要厉害。儿童在鼓励之下才能学得好，他表现钝笨的时候，尤需要父母的鼓励。不要多提你孩子的短处或失败，只要他有一小点儿成功，就去夸奖他。时时鼓励他，使他感觉你处处作他的后盾。使儿童失败的最大原因，莫过于一种不安的心情，以及以为自己无能的感觉。倘若儿童想他家里的人对他已至失望，或准知他自己做不了一般儿童能做的事，他便绝不能感觉到心理上的平安。

一个二年级的女生，考试没有及格，我们查出她家里的人常常提到她的失败。他们问她许多问题，当她犯了一般儿童常犯的一点儿错误时，全家人都嘲笑她，或说她是怎样的钝笨。这个儿童感觉自己十分无能，在上课的时候，甚至很简单的问题都怕回答。她始终宁肯不发言，亦不愿像在家里那样被人嘲笑。只有使这女孩子的家庭受长时期的教育，对她不再嘲笑，使她不灰心，并且常常鼓励夸奖她，这样才能使这个女孩子恢复自信心。没有人喜欢别人说他的失败。儿童很少有这么大的自信力，能忍受父母或家里别的成人对他失败的批评。

造成儿童惧怕的第二个原因是不正当的故事。故事给儿童的许多印象，会使儿童惧怕黑暗、狗以及许多其他的东西。著者了解到许多儿童因听了吃孩子的鬼怪、野兽故事，便常常发生梦惊的事。

一个4岁的男孩子给父母造成很多的麻烦，他不但常常夜哭，白天在学校里亦是常常哭个不休。调查之后，才知道他的父亲晚上给他讲述许多打猎的故事。在这些故事里，每次至少有一个人被野兽咬死或吃掉了。有一个故事是讲到一个

---

① 原文为"自弃的感觉"，今译作"自卑感"。——编者注
② 整篇学习系与分段学习相对的方法。例如要背诵一篇文章，每次都一气读完，一直至能背诵为止。按心理学上的试验，这种方法比念一段再念一段的方法较为经济。

老虎在晚上进入一个印第安人的村庄，偷走了几个小孩子。这男孩子睡下的时候就想到那些故事，或梦见故事里所讲述的事情。他每次总是直到深夜才能熟睡，但睡着以后，仍会被噩梦惊醒。因此，他到了学校之后亦是无精打采，总是发脾气。每天在 10 点至 11 点之间，他就困倦，要睡几分钟。就在这几分钟里他亦要做好些噩梦，一直哭醒。后来经过很长的时期，改良他的家庭教育，每晚给他讲述许多愉快的故事，于是他的梦亦渐渐安稳，他在学校里的行为也恢复正常了。

讲给小孩子们听的故事里，不应含有可怕的、残忍的成分或惊恐的景象，如强盗、失火、沉船种种事情。凡引起儿童惧怕的游戏，亦同样应该免除。鬼怪的故事、野兽追赶小孩，咆哮着吞噬小孩的种种游戏，或者会使儿童感兴趣但结果只有使他惊怕。通常看似表示喜乐的尖声呼叫和惊惧的情绪有密切的联系；如腋下或足心被撩挠时的痴笑密切地联系属于大笑一样。

造成惧怕的第三个原因，是用惧怕来制服儿童。有的父母告诉儿童说，倘若他不安静，就会有东西来捉他走；倘若他偷吃糖果，妖怪就要来吃他等。用惧怕或许能制止孩子做你所不愿他做的事，但常会使他惧怕你要他喜欢的东西，如动物、警察等。更甚于此的是在服从一章里曾讲过的，他将来会发觉他已经被人欺骗，对那个告诉他谎话的人失掉信任。

有一个小男孩，母亲对他说，倘若他再吃糖果，隔壁的狗会来咬他。有一次母亲去市场购物，留他独自在家，1 小时后他母亲回来，发觉一块很大的糖已经没有了，比上次偷吃的还大。于是她立刻责备他说："我不是曾告诉你说，倘若你再吃糖果，隔壁的狗会咬你么？""是啊"她的孩子回答道，"可是我分给那狗一点儿糖，它就不咬我了。"用惧怕制止儿童会产生两种结果，究竟哪一种伤害大，哪一种伤害少，还不易说，但总是不利于儿童人格的发展。这两种结果就是：惧怕好些无害的东西，和他因为发觉你用谎话恐吓他而对你失掉信任。

除言语之外，还有些方法可以造成儿童的恐惧，比如，儿童可以从他周围的成年人处学得许多与人事相关的情绪态度。成人惧怕雷电、狗、猫、黑暗，那么，与他接近的儿童们亦就照样地惧怕起来。很多惧怕雷电的事，或认为遗传性的怕狗怕猫等，都是这样起源的。成年人无论怎样惊怕的时候，亦应当尽力躲避儿童，不要让他看出来。著者一次曾和一个母亲和两个孩子坐汽车经过一条很滑的土路。大约有一公里的样子，路非常泥泞，汽车颠簸溜滑，几乎无法前进。倘若这个母亲要表示惊怕，这两个孩子以后也会怕起坐汽车来。可是那个母亲并没有那样，她反倒说："这不好玩儿么？你看一溜，一滑，这样乘汽车，多么有趣！"这段极危险的路走过去以后，那两个小孩子还要返回去，再看一看这汽车那样好玩地走。

有时惧怕会由偶然的意外事件造成，比如，有人在儿童正握着东西的时候，忽然大声呼叫一声，儿童亦会从此怕这个所拿着的东西了。一个小婴孩曾特别喜欢过一个纸做的鸭子，无论到什么地方总要带着它，一天当他正握着的时候，他母亲忽然把澡盆掉在他旁边的砖地上。于是这孩子被吓一跳，便把纸鸭扔下，呼叫起来。从那次以后，一直到他重受训练的时候，无论什么东西，只要有纸鸭放在上面，或他只要看见一个鸭头，便不敢走近那个东西了。

一个5岁的儿童，正在他生日的茶会中，在桌旁坐着，桌上有蜡烛在庆祝他生日蛋糕上点着，他戴着着的饭巾忽然被蜡烛燃着。以后这个儿童便怕过生日，甚至连说"生日"两个字都怕，直到他重受训练的时候。

一件颇有趣的事，就是一般人矫正惧怕的惯用的方法实际上是毫无用处的，亦许反会有害于儿童的。很多人都这样地想：倘若我们对孩子的惧怕置之不理，或者不要让孩子看见他所惧怕的东西，过段时间儿童的惧怕就自然没有了。可是许多像琼斯博士（Dr. Jones）① 做的试验，都证明这种方法是不可靠的。除非有别的东西进入儿童内心积极地帮助儿童遗忘，除掉对某种东西的惧怕，否则这种惧怕绝不会自行消失。

嘲笑儿童，或告诉他说他已长大，不应再惧怕，这些方法亦不会帮助儿童战胜困难的。而且，倘若你总是嘲笑儿童，因此他把惧怕压抑下去，这样所得的结果会使儿童产生各种的怪癖行为，比原来的惧怕给儿童的害处更大。

儿童怕些平常的东西，是因为他对那种东西还没有见惯。倘若你记着自己幼时遇到一个大孩子拿了一只蜘蛛或一条蛇追吓你，你是如何地惧怕，你就会体会到儿童的感觉了。他越被蜘蛛追赶，对蜘蛛的怕惧越发增加。若不用别的方法帮助儿童战胜惧怕，只是让他抚摸或走近所怕的东西，最终不会有好的结果。亦

---

① 原文为"宗恩斯"，今译作"琼斯"。——编者注。参见 Jones, M. C., "Elimination of Children's Fear", *Journal of Experimental Psychology*, Vol. 7, 1924, pp. 382-390。

许他惧怕那种东西的心理，会蔓延到其他类似的东西上。

惧怕不是件好玩儿的事，这无需对现代父母赘述。好些生理上剧烈的变化，是因为惧怕引起的；然而好些生理上的变化，又是惧怕的原因。这些变化对儿童的行为有很明显的影响，所以每当儿童受到很厉害的惊惧之时或惊惧之后，有些重要的生理变化是不难看出的。

惧怕的时候，口腔干涸，由于口内腺液停止分泌，消化作用亦随之减弱。同时有一种物体进入血液里，增加了肌肉的力量，减低疲劳的程度。① 诸如此类的身体变化，常和惧怕的情绪同时发生，亦即是惧怕情绪的征状。这些变化使儿童不能消化食物，所以当食物和惧怕结合起来的时候，消化立刻停止。儿童在吃食物的时候，你告诉他不让他吃某种食物，因为恐怕他生病；这样的话，很容易使儿童在身体复元以后仍然惧怕那以前不让他吃的东西，一吃就会生病。

"你每天吃这些东西，能使你的身体强壮；你好了的时候，想吃什么，就可以吃什么了。"这样的嘱咐儿童，是不会使儿童惧怕那些禁止他吃的食物的。你千万不要对他说："你不能吃这些东西，它们会使你病的。"虽然意思一样，而表达不同，其结果亦因之而不同。前者使儿童在复元以后，仍能照常吃各种东西，后者的话，使儿童对于禁止他吃的东西起了恐惧的心理。

只管谈论儿童所惧怕的事物，是不会使儿童惯于那些事物的。按照琼斯女士的试验，你对儿童讲一个动物的故事，使儿童可以听惯那种动物，甚至可以学着讲述那种动物；但他真见着那一种动物时，就会立刻照样惧怕起来。好些人想，给儿童讲许多关于狗、黑暗等有趣的故事，儿童对于这些东西的惧怕会自然地消失。可是实际上对有些孩子用这种方法没有效果，到时大人就灰心了，反而责备儿童，把他们的失败完全归咎于儿童。惧怕虽然可以在谈话中产生，但不能用谈话的方法除去。这是很奇怪的一件事情。

有一个需幼儿童战胜惧怕的方法，就是好些人把儿童带到他所怕的情境里，或所怕的东西跟前，然后把当时遇见的好玩的有趣的事讲给儿童听。当儿童在黑暗的屋里惊恐呼叫时，你对他讲黑暗的爽快、风凉、幽美，往往无济于事。儿童看见狗表现出惧怕时，你对他讲述什么狗的眼、耳、毛是多么好看，亦是同样地

---

① 分泌此种液质的地方，叫作肾上腺（adrenal glands）。

没有用处。因为儿童在十分惊惧的时候，根本无心听你讲话。

有两个很有效的法子可以帮助儿童战胜惧怕，一个就是使和他年龄一样大的儿童，在他面前玩他所惧怕的东西，他就会战胜他的惧怕。过一会儿，他看见他所怕的东西，并不伤害和他一样大的伙伴，他自己就会去尝试一下，觉着没有害处，于是就不再怕了。

比他大的孩子玩他所怕的东西，还是没有效果。一个 12 岁的哥哥和一个小妹妹，玩她所怕的狗，远不如和其他两个和他同样大的伙伴玩同一东西要有效得多。这个方法，使用时要特别地慎重 —— 父母们须牢记着，把一个惧怕的儿童，放在其他的儿童中，若不加以监视，则他的惧怕有时不会停止，反会传布到全体的儿童。

第二个方法，是使愉快的情景与所怕的东西结合起来。这个法子如使用得法，非常有效。一个小孩子怕黑暗，他母亲用一冬季的工夫，每天一到天黑，就握着他的手，在黑屋里玩寻找东西的游戏，后来他就不再怕黑屋了。每次玩这个，孩子必找着一个很喜欢的东西，有时是一个橡皮动物和小纸船，有时只是一块皮糖。过了些时，母亲站在门外，孩子自己就进去寻找，最后他就独自敢进黑屋里去了。

一个孩子因受了不良教育的影响，导致他惧怕医生。于是，以后每次父母带他见医生时，就给他一个糖做的小动物。他一进门，医生就把糖给他。

一个 4 岁的儿童告诉他的朋友，说他前一天曾赴过一个茶会。后来朋友们问了他半天，才知道他是到医生那里洗肠去的。因为在诊疗室里的时候，大人们曾给他两三块糖果。在这样的一个时期中，不应随便给儿童吃糖，只是在他所怕的东西跟前，或所惧怕的情境里，给他吃糖。不建议给糖亦是因为糖会弄坏他的胃口。

父母们绝不应当在儿童吃饭或大小便的时候，做医治儿童惧怕的事情。一个心理学家，或是一个儿童实验室的专家，也许能利用吃饭的情境治疗儿童的惧怕，但一个未熟悉儿童心理的生手，要在儿童吃饭或大小便时做这样的事，很少不使儿童发生惧怕吃饭的心理。这样不但医治不了儿童的惧怕，反贻害于他。我们须谨记，除非我们对医治儿童惧怕的方法特别小心，使用得当，否则，儿童的惧怕很容易蔓延到别的事物上面。

有些惧怕特别难医治，所以父母们的主要工作，是应该防止儿童惧怕的造成原因。倘若关于儿童惧怕的情境显得复杂，父母最好是带儿童去见心理学专家或精神诊疗的医生。下面的这个实例，可供读者参考。

艾琳（Eileen）①家里最近生下一个小妹妹，这是她家里的一件大事。可是据她母亲说，艾琳对于这个婴孩从来没有表示过一点儿爱意，亦没有提过一点儿关于婴孩的事情。这已是可疑的情形了；更奇怪的是她在学校里倒说过她家里生下孩子的事，而且她几次带着悲愤莫解的神情说道："她到医院的时候，并没有孩子；她回来的时候，就有了孩子。"显然地，她心理上对这个孩子的来临是一点儿没有准备的，她亦没有问过孩子究竟是从哪里来的。经过详细地询查之后，才知道她曾有几次被带到医院里探视她的母亲；并且常是乘着电梯上去，走着下来，因为她母亲的卧房门外，就有一个电梯，而且这个电梯和她学校里的完全相似。这里，我们看出她似乎已经受了惊骇；她所听见和看见的，尽是些她无从理解的事情。她把这种惊骇暗暗地压下去，所以她每遇见类似的情境，就立刻激起她被压抑的情绪而恐怖起来。

后来，她的母亲按心理专家的话，多给这个孩子机会，询问关于婴儿的种种问题，并尽力让她发泄她正在压抑的情绪。她的恐惧以后便慢慢地消失了。

我们应当免除造成儿童惧怕的事情。每遇了这样的事情，就当记着：成年人很不在意的一点儿小事，儿童会觉得是很严重的事。倘若最后的结果能使儿童遇见了新奇的情境时，有勇气，有智谋，而不感觉自己的无能，不怕失败，没有一点儿平常受不良教育儿童所具有的惧怕心理，这样，则我们的任何努力，都是很值得的了。

---

① 原文为"爱琳"，今译作"艾琳"。——编者注

第八章　统治情绪的训练

　　父母们几乎都喜欢他们的孩子终身有一个好性情。所谓好的性情就是有稳健的情绪；应该发怒的时候才发怒；没有无谓的惧怕；遇见新的阻碍时有勇气，有毅力，有一种镇静的感觉。这样的一个儿童，遇了阻碍或人生不幸的事情时，没有惧怕，不会生气，只是勇敢地、聪明地、全力地应付困难。具有这样品格的儿童，已经学得怎样驾驭他的情绪，亦就是他父母帮着他已养成许多好的习惯了。

　　因为儿童对他在世界上所遇的种种事物，很少有驾驭的力量，所以父母们要使儿童养成以上所述的习惯，有好些事应当注意。下面所提出的几点，特别重要，尤应牢记在心中。

　　很幼小的儿童不应常受刺激，亦不应当让他常遇见兴奋的事情。家庭里如有精神不健全的人时常把儿童乱摇动、抓痒、拧捏，或用别的方法来惹逗儿童，这些人就不应当和儿童接近，除非他们能减少这样带精神病的行为。对那些喜欢高声呐喊、大声笑、用力摔门的人，亦同样地不应让其多接近幼小的儿童。幼儿终日的主要生活内容是休息、生长；同时，他的心灵亦应当不受意外的刺激而正常发展。

　　好些人以为抓触儿童的痒处能令儿童高兴；然而从中真正得到娱乐的人，还是成年人自己。儿童因被抓痒而发的狂笑和真正快乐时所发的欢笑绝不一样。

　　我们应当使幼小的婴孩保持安静。绝不应当抱他到拥挤不堪的百货商店里，或人声喧嚷、灰尘飞扬的街市上去。用小车推婴孩散步是成人自己的运动，却不是儿童的适当运动。这样出去的唯一目的，是带着儿童到一个幽美宜人的地方换一换父母们单调的户内生活。倘若是在一条很安静的街上走一走，倘若来往经过的人们都能控制住谈话或抚触孩子，那么就可以带着儿童，清晨和午后，出去很平安地走一走。但这样的新鲜空气，完全可以在走廊上或后院里得到。

　　对后婴儿期的儿童，绝不应常在人面前炫耀他的才能；我们亦不应鼓励对正在襁褓里的婴儿有这样的行为。儿童的自炫行为，只能满足他父母和其他家人要夸耀于人的欲望。让这样的欲望发展起来，绝非儿童之福。我们所希望于儿童的，是他们能安安静静地、好好做他们所要做的事；而非进入客厅，做自夸的动作。儿童在入学之前，这种自显的冲动极盛；到青春期亦会显露一点，但为时很短。父母应当处处尽力夸奖儿童所做成的事，不应鼓励儿童常要得到人的注意。我们以前曾说过，要做注意的中心与兴奋的原因，是幼小儿童生活中两个很大的冲动。假若父母鼓励儿童的这种欲望，让他常向人自夸，就是使儿童的孩子气继续发展，甚至终生不会脱掉。

倘若你愿意，亦可让你的朋友们看一看你的孩子，但不要向你的朋友们夸耀他。屡次打断儿童的玩耍，把他向每个客人来夸耀，会使儿童的神经十分疲倦。倘若你常勉强他背诵他的小书，唱他的儿歌，或用别的动作来表演他在一般儿童中的出众之处，更会使他神经疲劳。倘若你的孩子自动地向亲戚朋友讲话、唱歌，自然，那是不会使他自己很疲倦的。但就著者的经验来说，除非家里的人常常鼓励这样的行为，否则儿童很少自己不住地向每位客人作自显的动作。常要自炫的儿童，多是要高声喧嚷，不住地讲话。这和很安静的讲篇故事，或唱个儿歌是完全不同的。

一个9岁的儿童，一下午已两次被唤入室内，向他母亲的朋友表演他弹钢琴的水平。就在同一下午，他又第三次被叫的时候，他说："再来一次就够了，我永远不来第四次了。"这两句话，已把儿童真正的感觉说出。

对于现在的那些茶会聚集，我们又当持什么态度？一个年轻的母亲带着她的孩子来见儿童心理学家，问题是，她的孩子愈来愈爱发脾气了。她自己的报告是："不能有像我这样好的母亲，不论哪里有茶会，不论谁家请客，我都带着她去。上星期，我带她到过5个下午的茶会，可是她居然还生气。"倘若那些茶会是举行在晚上的时候，对这个孩子又会有什么结果呢？

在今日的文明社会中，充满使人兴奋的事物。儿童在这样的环境里极易疲倦。城市的生活，尤其如此。儿童应当有充分的休息和睡眠，以避免过度刺激所产生的不良影响。自然，兴奋的事要尽力取消才好。

幼儿的各种活动须有规定的时限。严格的规律在养成儿童统治情绪的习惯上，和在训练儿童的服从上是一样的重要。儿童的吃饭、午觉、休息、夜晚的睡眠，都应有确定的时间。除非儿童能遵守这些规律，否则就很难养成身体上自律的习惯。一个儿童今天 11 时吃饭，明天 12 时吃饭；今天 10 时睡眠，明天 9 时睡眠，或 11 时睡眠——这样的儿童不但习得了许多不规则的习惯，而且已经打下了不健康的根基。其不良的影响，又会使他的情绪颠倒。换言之，这样的儿童，对他自己的情绪生活没有控制的能力。因此，一个确定的时间表是训练儿童绝不可少的工具。

儿童身体上的条件，和规律的时间表同样的重要。一个有病的儿童，自然不如一个身体康健的儿童会控制他的情绪。因此，每个儿童应当有定期的身体检查。有好几次，我们认为儿童所遗传的发脾气的倾向，亦不过是消化不良的病症再加上家里其他人所给他的发脾气的榜样。

检查身体的主要目的，自然是要发现身体上的缺陷。有时身体上一点儿小毛病，就会使儿童容易生气，或产生其他许多情绪错乱的倾向。

视力有毛病的儿童，入学以后，每到写字或阅读的时候，就常感觉神经疲劳。一个 6 岁的儿童，在学校里每天到下午的时候，就要生气，直到家里时还是这样。他家里的人有些莫名其妙：他以前就是个神经不稳健的孩子，可是入学以后，发脾气和乖拗的程度增加数倍。后来检查他的身体，才发觉他的眼睛有些毛病——他每看东西的时候，除非用力使用他眼部的肌肉，对准所要看的，否则他就会把一个东西看成两个。上课不到两三小时，他就觉得眼睛非常疲劳，于是就用发脾气的方法来发泄。一次，他的眼睛感觉特别难受，他就把一个咖啡壶抛到很远，一下打得粉碎。从这一次，他的父母才觉着他的生气一定有严重原因的，让他去检查身体，遂发现以上所述的毛病。此外如耳、鼻、喉的毛病，亦会产生像以上的结果，甚至儿童身体上很小的一点儿毛病，都与他易生气有密切的关系。

关于养成儿童控制情绪的习惯，父母还有什么可尽力的地方？那就是父母应当护卫儿童，不让他有一点儿身体上或精神上的痛苦。一个 3 岁的儿童坐在饭桌边，她特别喜欢吃的东西，在她探不着的地方。她挣扎半天，刚刚要探着的时候，她的一个叔父便把那个碟子再拿过二三寸远，为的是要看她哭喊生气。她发火后，她叔父就要说："看她啊！不好玩吗？"

戏弄儿童不一定是一件坏事，但不要弄得他苦恼起来，并且要儿童和大人一样的喜欢才行。倘若你一定要戏弄儿童，应使儿童亦能照样的戏弄你。倘若你只管戏弄儿童，单使用长辈的权威，总不让他报复，世界上岂有这样不公之理。

一个父亲戏弄他的小女孩，把她的爱物拿了，假装藏匿起来；这个小女孩亦把他的烟斗夺去，同样地戏弄他，可是他竟因此责打她。这父亲想："只许大人玩弄儿童，儿童则不许还手。"

不要让孩子总听见你说他的错。对于一种过犯，不应当再三地责罚儿童。倘若你时常说他的过错，他会将这种谈论当作对他的处罚而觉着难过；或者他就以为这种犯错很有趣，应当不住地再犯，因此便养成不良的习惯。常谈论儿童的过错，会使儿童常有一种以为自己卑鄙无能的感觉。他会觉着他自己的过错是这样得多，又没有才能，纵然再努力亦是无益。因为他听见别人批评他，便常有一种不安的感觉，因此他就会夸大、暴躁，为的是得到别人的注意。他又会感觉世界是这样的凄凉苛刻，他能寻得快乐的地方，只有自己的幻想。这样，他就慢慢地终日沉溺于幻梦里，永不企图一点儿实际的成就了。

儿童应如何控制情绪？究竟用什么训练的方法？只用很简单的几条规则，儿童亦容易记住，但这些规则须是有力的。这些严格的规则经过了相当的时日，就可养成儿童的习惯。所以儿童对于这些规则的反应，都成了自发的动作。倘若规则过多，儿童无法都记在心中，就容易使他觉着自己总是和父母冲突。这样的心理，又会常使他感到他是在受惩罚，因此，他的情绪亦常会随这样的感觉发生错乱。如果惩罚对儿童的情绪没有影响，那只能表明此儿童就是病态的。减少儿童和父母的冲突，就是减少了给儿童的许多不快的惩罚。

儿童对引导他的人须有绝对的信任。这样，他就不忧虑他是不是会受惩罚；他是不是在讨长者的喜欢；别人会不会恼怒他。如果他对家里的人有信任，他就知道他只要不做错事，他们是绝不会恼怒他或对他生气的。他亦知道，如果他们应许了他什么，他们就必履行，绝不让他忧虑他是不是能得到应许给他的东西。他亦知道，如果他们告诉了他犯错是要受惩罚的，那他犯了错时就自然要受惩罚；倘若他们对他说："不行。"他就不必麻烦央求他们，因为"不行"就是"不行"。

有时儿童得不着他所求的，不得已就用麻烦、哀求、哭喊或别的方法，逼着父母改"不行"为"行"。在成人看来，这是些很小的事，但这样的事最能使儿童疲劳不过了。倘若"不行"就是"不行"，儿童一听见"不行"两个字，就去想些别的事去做了。如果"不行"可以用哭闹生气改换，那么"不行"这两个字对儿童就变成了使他疲乏挣扎的刺激了。所以儿童对引导护眷他的那些人的信任和依赖,是影响儿童情绪发展中的最重大的要素了。

训练儿童服从,须尽力免除儿童和父母间的冲突。训练儿童控制情绪,亦是这样。

固执是一种习惯,它得以形成的唯一途径是反复重复。你的儿童和你的冲突越多,他就越要固执这种冲突;你每请他做一件事时,他就说"不"。每当这些冲突除掉的时候,儿童觉着非常轻舒爽快。至于怎样免除这些冲突,在"服从"一章里已提出几个方法,在这里可以通用。

你每次看见要发生冲突的时候,就应想些有趣的事情告诉儿童。有一个7岁的儿童,他母亲告诉他去洗了手再吃饭;他刚要抵抗的时候,他母亲就说:"我们赛一赛,看谁能先洗干净。"这事便顺利地过去了。一个7岁的儿童和他6岁的弟弟正要抵抗上楼睡觉,母亲对他们说:"看这两个小马,哪个先跑入马厩,卧在床上。"这两匹"小马"便立刻奔上楼去,赶快地脱去衣服。有时,儿童和父母间的冲突是不可避免的。倘若冲突已经发生,你就不应当屈服,除非那妥协对于儿童的发展是有益处的。可是家庭常有冲突就养成妥协的习惯,对儿童的性情有很不良的影响。

倘若儿童不大刚强,他也许不会向你抵抗。但这样的儿童会变成毫无出息的绵羊,无论遇见任何势力只有屈服,因为他没有战胜过困难,没有以坚强的意志抵抗过别人。他无论活在任何环境里,都是听天由命地存在。这样的行为,比反抗的习惯,害处还要大。要对孩子让步的时候,你就须取宽大的态度。认了自己的错而又不甘心,就不如不认错。你不以公平待遇孩子,他亦会用不公平来报复你。

儿童到了一定的年龄,就当让他自己负起责任来,管束自己。儿童的年龄逐渐增长,你给他的责任亦慢慢加多;这样,那使父母和孩子都讨厌的命令语,亦就可以减少了。儿童越能替自己做事,他就越发不要你提醒他去做这做那。我们知道有许多十几岁的儿童总不愿听家长的吩咐,都是因为家长对他说的次数太多。你有时自然应当提醒他应做什么事情,因为不这样,他要把重要的事情忘掉。可是倘若你的孩子已受过自己穿衣、解衣、读书、上学的种种训练,就不必对他反复提醒,因为这是文明社会里每个儿童应做的事情。

时时给你的孩子有活动的机会，须使你的孩子常有事情做。有好些无事可做的儿童，总要有人哄着，如没有好东西给他们玩，他们就会恼怒。给你的孩子预备些能编能盖的材料，叫他们自己找乐趣玩。一个5岁的小女孩，一天到晚都是紧紧地对着她的母亲说："妈妈，我要做什么了？""妈妈，你给我讲呀。""妈妈，来帮着我盖个木房子。"她常常麻烦她的母亲，她没有发展独立创造的才能。不但这样，她还是常常生气烦厌，因为她没有学会在自己做事中寻找快乐。

不要利用惧怕的心理来制服儿童；这不但可使他增加惧怕，还会养成他的坏性情。用惧怕制服儿童，会发生三种不良的结果：第一，不论你用什么方法恐吓他，不久他就会知道那样的事是不会发生的，对你的信任亦因之而失掉；第二，被惧怕制服了的儿童，不会真正顺从你，他一不惧怕的时候，就去做你极不愿他做的事了；第三，被惧怕制服的儿童，使儿童惧怕好些没有害处的东西，这样的病态心理往往需用数月或数年的工夫才得矫正。对你的儿童说："你如果不去睡，隔壁的狗就会来咬你。"或者可以把你的孩子吓得去睡，那条狗亦永远不会来；但会使你的孩子产生了怕狗的心理，每逢看见那条狗时，就赶快跑到你身旁了。

要你的孩子有一个好的脾气，有四件事必须注意：一是给你的孩子一个很健康的身体；二是给他一个好家庭，家庭里的长辈亦明白他自己和儿童的心理，亦受别人的尊敬，亦会抑制自己的情绪，所以儿童对他有绝对的信任；三是教导儿童对自己做的事要负责任；最后，帮助他养成一个独立做事的好习惯，时常给他些需投入精力才能去做的发现和创造的工作。

第九章　儿童的想象

6岁的小约翰（John）近来的行动极其恍惚难测，他每天回到家，总要说些没有人相信的故事。昨天他回家来，说他在祖母家和一个大熊玩耍；母亲不但责罚了他，而且说他长大后要成一个最会说谎的人。

这是儿童身上常有的现象，我们不妨研究一下儿童为什么会有这样的心理。当然，那些清楚活现的想象常弄得儿童真假不分，不知如何是好，但想象对人生却非常有用。在想象里，我们可以过好些可望而不可即的快乐生活。一个人定下计划夏天要到某地游历，这时他的思考力和想象便一齐活动起来。他想到何时乘火车动身，于是去查一查时刻表，看是否合适。假定他是很细心的人，他就计划怎样照料行李，怎样换车和种种旅行上应注意的事。他会在想象中欣赏沿途的风景，到达目的地后的游玩；在那里尽兴地游览，和朋友们尽情欢聚。他不但利用想象欣赏未来的乐事，他还用想象完成了实际的事情——预先详细地计划他的行程，防备途中要发生的困难；这样，他的旅行就可十分愉快了。

如科学上的新发明，或新社会制度的确立，甚至我们日常服装鞋帽的式样、家庭里的陈设布置、新奇的烹调等，都是由想象发展而成的。一个发明家因看出鸟飞和滑翔机的关系而发明飞机；一个人做出一个新式器械，都会预先动用想象力去畅想那未曾感受到的经验和事物。所以能有一个清晰绎明的想象，诚然是一个好的本领。儿童时代和青春期的白日梦在长大以后可成为伟大的事实。一个人每天对实际生活的适应，亦多是从每天的想象中得来。因此，我们不应该阻止儿童想象力的发展，只能帮助他善用他的想象力。

儿童时期的想象，和成人的完全不同。儿童的经验很少，而且每个经验对儿童的意义有限；他又没有成人那样的智力以辨别他的想象。他在脑子里很容易看见一个粉红色的马，因为他没有见过棕色的马。他会想到一个很矮的人，因为他远远地看见人是十分矮小的，好像我们由楼顶看人似的。

贾德（Judd）说他朋友的一个小孩，在火车上经过一个地方，看见匹小马，立刻要下去和这匹小马玩。其实这匹小马只不过是一个平常的马在远处站着。你可自作一个简单的试验，看清儿童的想象和成人有何差异。想象一朵红色的山茨菇花，再想一朵黑的。想象一只平常的熊，再想象一只熊满身长着蓝而光滑的毛。然后你再把这两个茨菇花或那两只熊比较一下，你就很可以看出他们的区别：第一，你很容易想起你已经验过的事物，而且很容易把握这种想象，继续地想下去；第二，你对于这两种想象的情绪的倾向完全不同。一头蓝毛的熊使你不禁失笑，因为你从来没有看到过这样的东西，可是一头像你常在画里看见的棕色的熊，就不会使你感觉奇怪。成人不能产生一头蓝熊的想象，长久地想下去，想象自己会在一个熟悉的树林里见过这样的一头熊。因为儿童没有见过真正的熊，真正的山茨菇……他就很容易看见一只蓝熊、一匹粉红色的马、一个神仙、一条龙、一只鸟忽然变成了人；和他们看平常的熊、马、人，并没有分别。

成人如想到任何奇形怪状的东西，那不过是把以前的经验以新的方法掺杂地联合起来。在他想象中的一只双头狗，不过是一个平常的狗再加上一个平常的狗头。他所想出来的一条飞龙，不过是一条鳄鱼再加上两个翅膀。而且成人就很难想象到两个狗头，或鳄鱼和两个翅膀凑在一起。

像成人的这种鉴别力，儿童是没有的；成人认为儿童在说谎话，就是这个原因。2岁至6岁的儿童，想有什么东西，就会想象到什么东西，立刻对你讲述出来。过了这个时期，儿童如能得到正常的训练，就应不再讲述这样"无中生有"的事情。著者的一个小朋友，想象在他的地窖里面有一个动物园；他不住地谈论那里养着的狮、虎、熊、豹、犀、象、骆驼，等等。因为他毫无事实的经验，所以他不理会那地窖是如何地狭小，即有三两个这样的动物亦不能容放。后来领他到真动物园里，看了那些活的动物，他才知道高高的骆驼、巨大的犀牛，怎能放在小小的地窖里呢？

一个儿童回家来告诉他的父母，说学校里昨夜失火，房屋都烧倒了。第二天他上学去时，看见学校的房子没有一点儿火烧的痕迹，于是他就说："神仙已经又盖好了。"他的失火的观念是来自另一件事：学校里的烟囱中有火焰冒出来。

因为儿童的想象很清楚逼真，又因他缺乏鉴别判断的能力，所以成人问儿童问题时，很容易得到成人认为说谎的回答。著者每年都要让她的那些看顾儿童的学生问儿童一些问题，为的是弄清儿童易于受暗示的倾向。问题是这样的：

"你上学时，在路上看见些什么？"如果儿童说没有看见什么，学生们就再问："你一定看见些东西，不是么？"一次，有一个小男孩子就答道："我看见一只狐狸跌倒，像这样地跌倒。"接着他就表演狐狸入穴状。谁亦不会相信这事，在大都市的街道上怎么能看见狐狸回巢穴呢？因为成人坚持说他已看见些东西，他就拿这个想象来应付；儿童固然不觉着这是假事。

有时，儿童虚构故事，是由于这样的事实：儿童看见某个东西和其他的某个东西有些类似，就把它们当作一样的东西。著者的一个小朋友，一次禁不住地吻一个小毛虫，他说这一定是他的小熊。那个毛虫的短毛，和他小熊的短毛是一样的细软。在他看来，那两个东西简直就是一样的东西。

一块肥皂上的小孔，会使儿童想起在墙角的一个小地洞，因而叫嚷道："等一会儿，小鼠就从肥皂上的小孔里出来了。"可是，有时儿童对真正的类似点反倒看不出来。他会告诉你，他在叔父家的时候，没有按照在家的时候睡觉，虽然两家的睡觉时间完全相同；他说在家里7点钟才睡觉呢。同一个时候，在两个地方他就觉着不同了。

儿童还有一个特性，使你觉着他说谎。他想，凡能动的东西都是活物。他常以为那些死的东西，如路旁的石头，都是有生命的。自然，你的孩子想他的泥娃娃是有知觉的：泥娃娃不好了就得打，好了听话时就要疼爱，泥娃娃晚上饿了就需喂它真的东西吃；他想他的小木狗会走，亦会说话的。

坦纳（Tanner）[①]女士提到一个儿童，每次出去散步时，就拾一小篮路旁的小石头回家来，她怕那些小石头寂寞，厌倦了老住在一个地方哩。

儿童的许多虚构的故事，表现着他们得不到满足的愿望。他告诉你，他到过一个很热闹的聚会去，因为他就希望着这样的一个聚会。他告诉你，他有一个万能的哥哥，或有一架飞机，因为这是他所愿望而不能获得的。许多所谓儿童的谎话，都出自不被满足的愿望：他想要种种东西，但因没有钱，或因那不是儿童应有的东西，或因别的缘故，不能为他们所有。父母应当时时体会儿童的这种幻梦，看能否用别的方法来满足他们的种种欲望。例如儿童梦想他有一个弟弟，可

[①] 原文为"唐纳尔"，今译作"坦纳"。——编者注

领别的儿童来陪他玩，使他的这种欲望得到满足。父母应当尽力这样去做。

你的孩子或者有一个想象中的游伴。有些儿童，有四五个这样想象中的游伴；他呼叫他们的名字，有时逼真地向你形容他们。倘若儿童怕羞，不敢给你形容他想象中的游伴，你可等他假装和他们玩耍时，就可以看出他的那些游伴是什么样子。一个 5 岁的姑娘，称她有 100 个孩子和他们的母亲做她的游伴。她叫第一个孩子恩业，第二个叫作白博，其余的九十八个她都叫"孩子们。"像她这样小的年纪，还不会计算到百个的数目，所以她的 100 个亦不过是一个而已。

儿童和这些想象的游伴玩耍，有时几个月就过去了，有时会延长至几年的工夫。尤其是独生子没有别的兄弟姊妹，他需要这种想象中的伴侣。不过儿童长大一点以后，因有外面的好些儿童来和他玩，他就慢慢不再有这样想象的游伴了；或者，他就把别的儿童和他想象的游伴同化了。很少的儿童会说他的游伴已死，并为他哭泣，亦不再提他了。

有两个方法，你可以帮助孩子辨识他那种太强烈的想象。第一，倘若你知道你的孩子讲了虚构的故事，可这样说："这是好玩的故事，不是吗？现在我也给你讲一个好玩的故事。"或这样地说："那自然不是真的事情，你说不是吗？那正像我给你从书上念的故事一样。"这样，你的孩子就知道他和你都晓得他所讲的故事是假的，他便不觉着他是在说谎话。孩子如果给你讲了这样的故事，你绝不应当向他说："你是个说谎话的孩子"或"那是谎话"。

有时，孩子说谎话是要逃避惩罚。这样的事希望不常发生；如果有这样的事，你就可对他说："并没有那么回事，你说有吗？"并且用极简单的话给他解释，他应当勇敢认错；不论什么时候，做了一件不当做的事，自己就当立刻说出来。倘若他说了实话你不责罚他，只是帮助他记着下次不要再做——这样，他慢慢地就有勇气认错；他好公尚义的习惯，亦可渐渐养成。华盛顿(Washington)和樱桃树的故事，就是教儿童对自己的行为很情愿地负责，没有一点儿文饰过错的托辞；亦不诿过于他人。

帮助儿童实事求是的第二个方法，是给他证明他所想象的事物是永不能成为事实的。例如，那个小男孩想象他地窖里有一个很完整的动物园，你可以指明给他看，那个地窖是如何得小，连两个兽笼亦放不下；同时，这些野兽亦不能养在一个像这样昏暗、用作贮煤的秘室里。

一个小男孩告诉他母亲说,有一个小熊儿子住在直径六英寸的排水管里。你可以这样教儿童,照真熊儿子的大小剪一个纸熊。他把纸熊放在排水管的口上,就知道纸熊盖住了水管的眼还可以剩出好些。这对他确是个有趣的游戏;同时亦给他证明,一个真熊是不能住在这么小的地方的。

因为活泼的想象对儿童是有益的,所以不应当阻止儿童多运用他的想象。可是不可不帮助儿童认清真假的分别,像我们刚才举的例子,有的人到长大成人,都不能分清什么是事实和什么是欲望。

我们有很多的话,要讨论故事在儿童的想像发展中所占的地位。在未及幼稚园年龄的儿童,不会欣赏亦不喜欢神仙的故事(即童话)。著者的一个小朋友听灰姑娘(Cinderella)的故事,她听完之后,别人问她故事里讲什么?她说:"有一个南瓜、两个老鼠,还有一个钟表;它们到跳舞会去;它们逃走了。"老鼠、南瓜、钟表是她知道的东西;她从整个的故事中所得到的印象,亦止于此。故事中其余的事,离她的经验太远,所以不能给她任何印象。

对儿童所讲述的故事,需不超出他实际经验的范围。儿童会注意地听这样的故事:清晨醒后,他们怎样起来;怎样自己穿衣,穿上一只袜子,再穿上另一只,穿上左脚的鞋,再穿上右脚的鞋;然后一二三四五六七八九十数着,下楼梯来吃早饭;喝橘子水、吃燕麦粥,等等。只要那是关系到他们的实际生活,就不会是一件太浅而不引起他们的兴趣的。这样的故事是不怕重复的。

一个能常常背诵的短句子特别地令儿童喜欢。《老太婆赶集买了一头猪》(*Old Woman Who Went to Market to Buy a Pig*)和《约克盖的房子》(*Home That Jack Built*),这两个故事能引起儿童兴趣的唯一长处,是重复的语句。《灵巧的小汽机》(*The Little Engine That Could*),因为它有好些重复的语句,所以3岁至5岁的儿童,都喜欢听它。

儿童的故事不需要讲究什么结构;有几个好玩的意思反复地说就够了。但不应含有恐怖、残忍的成分或其他能引起惧怕的成分。

幼稚园年龄的儿童,慢慢地对童话产生兴趣。如果他已经产生了这样的兴趣,就应该开始给他讲些浅近的民间故事,让他自然地和这类的故事接近。自然,亦要教他逐渐吸收些简单的实际知识,如花草、树木、小动物等;木块、泥土的建筑;英雄伟人在童年时代的故事。

儿童对于童话和实际生活的知识和故事差不多一样地有兴趣，不过有一个阶段，童话的地位还要重要一些。儿童到了9岁或10岁以上，对实际事物的兴趣就开始发展；到了12岁时，对实际的兴趣几乎超过对童话所有的兴趣。

因为你的孩子需要知道实际的事物，但是他如果没有真实地玩过、见过、用过那些东西，就不能认识它们，所以你总应当让你的孩子在这个时期中，获得各种感觉的经验：如冷、热、坚、软、粗、滑、方、圆、尖、钝、蓝、黄、红、绿。他正是在获得这些经验的时期，因为他对这些事颇感兴趣。他愿意摸、推、拉、踢，甚至每抓住一个东西都要舔一舔。他应当有机会得到这些日常感觉的经验，不然，他就永不会明了那些事物的真相。一个儿童看见一个粗边的四方匣，他并不知道那究竟是怎么样的一个东西。可是，如果你让他拿那个匣子玩——他摸一摸棱角，举起来掂一掂轻重，玩弄上一会儿，他就十分明白了。有时，成人在陈列厅中，见东西放在玻璃笼里，或标写着"请勿动"亦会感觉着有些手痒的。

儿童的眼、耳、鼻及其他感官都须健全，因为要他们对于事物有清楚的观念，他们必先看得清楚、听得清楚、问得清楚、摸得清楚。一个眼睛有毛病的儿童，会把东西看成双的，因此不能看真确。一个耳朵不好的儿童，会听不清楚声音，不但不能懂音乐，而且不懂得字的发音，因此永不会拼字。

每隔两年就当检查儿童的身体，对儿童的眼、耳、鼻及其他器官尤须特别注意。把儿童和外面的世界，因身体上的缺陷隔在两面，是多么不公平的事！儿童所有的学习都须借助于那些接触点——感觉器官。上面亦已提过了：特别是在未入学之前，儿童的这些器官应当接受儿童时代能接受的各类刺激。

儿童的学校教育和实际的感觉经验很少有关系；这样的教育，多建立在文字的基础上。儿童一入了学校，就减少了和实际事物的接触，同时他就学习叙述事物的文字。可是，如果儿童对文字所描述的东西没有过实际的经验，那文字对他就没有什么意义。一个人很容易念成"书呆子"：动不动咬文嚼字，一点儿不顾及事实。这样的人对各种文学和诗歌的欣赏已失掉很大的机会。试读一读最好的诗歌，就知道那细微高妙的欣赏，都是凭着幼年的感觉经验。著者在以前所著的一本书[①]里，曾引过以下的一段诗：

---

① Arlitt, H., *The Psychology of Infancy and Early Childhood*, New York, NY, US: McGraw-Hill Book Company, Inc, 1928.

> 当他从壁橱里带出许多
> 蜜饯的苹果，榅桲，梅子；
> 夹着果冻比奶酪干还要光。
> 华亮亮的粥，煮着肉桂；
> 费兹（Fez）来的甘露蜜和枣子；
> 馐珍美味——
> 他们都从锦绣的撒马尔罕（Samarland）到了荒野的黎巴嫩（Lebanen）。

读这一段诗时，你心里必须起了触、味、冷、热、香气等感觉，才能把它玩嚼得痛快。

当你的孩子在室内或户外试验各类的东西时，就是在增加他的感觉经验。这种经验，只能得之于与事物实际的接触中。

儿童所讲的那类故事，正可表明他心理是怎样的活动。他们给你讲的故事，片段不相联结，情节和理解更说不上了。请你的孩子给你讲一个故事，你就可以知道他是怎样想象的。儿童的身心逐渐发育成熟，他的思想亦就慢慢地连贯起来，从实际经验亦增长了不少辨别的能力，语言亦多会运用，对于含有类似点的各经验的关系，亦能更清楚地说明了。

第十章　儿童怎样思想

虽然儿童在两岁之前，我们就可以确定他一生思想的基础，但儿童期的思想，毕竟和成人的思想不同：成人大半是用语言来思想，我们想我们对谁说过话、上街要购买什么物件、今天午后怎样打牌——我们并不想那时说话的景象、买物时的情境，或从手里怎样抽出牌来，我们只想"三尺六寸宽的两尺布""先打红心再打黑桃"，等等。

幼儿思想的时候，只有很少的几个字可供他自由使用。他在学习语言的三个时期中进步很慢。第一个时期是9个月至1岁的工夫，这个时期他"哦哦"作声，只有几个音近似语言。当他正在这个时期的时候，关心他的父母细心观察他的行动；当他囔出一个像语言的声音，他的父母便表示欢喜，立刻把那个声音重说一遍。例如，倘儿童张开嘴说"啊"（ah），然后在这个声音当中把口闭合，他便可以很真确地叫出"妈妈"两字。这个声音给父母听了，他们便十分地快乐，于是不住地向儿童重复那个声音。不久，儿童便会叫"妈妈"；此时，这两个字不但是指着他的母亲，也可代表凡他所认识的妇女。

从1岁，或十三四个月到十八九个月之间，儿童逐渐学得许多单音字。一个字可以代表许多东西；例如"鸭"这个字可以指任何动物，"爸爸"可以指任何男子。这样大的儿童，每逢要一个小匣的时候，他不说"给我一个小匣"。他只用命令的语气说"小匣"；倘若他自己探不着，他就等着，一直等着成人把小匣子给他。

到18个月之后，儿童便可以把单字联合起来，他们说："宝宝跑""喝水"，等等。在这个时期中，儿童似乎完全迷醉于各种名字的学习中；他看见每个东西有一个名字，觉得是极有趣味的一件事。所以儿童在这个时期中，最显著的特征就是不住地练习记忆每件东西的名字。著者常见儿童在室内一个一个地问每件东西的名字，然后就跟着和他玩耍的成人，一同说那些名字。当儿童处在学习语言的这3个时期中，他不会自由地运用语言做他思想的工具，甚至到了幼稚园的儿童亦是这样。

从两岁到两岁零六个月时，儿童常会问关于"哪里""什么""谁"的等等问题。此时，儿童渐渐认识事物间的关系。他问："你到哪里去？""你在哪里吃午饭？""雨从哪里来？""云彩在哪里？"——当他问这类问题的时候，他就是在探讨他自己和外界有什么关系。"什么是孩子？""什么是洋娃娃？"是他常要问的问题。

最后，他到了语言成熟的时期——这时，他就常问"为什么"的问题；他每看见一个东西，或遇见一件事，就问"为什么这样？""为什么那样？""为什么"的问题，和"哪里""什么"等问题一样，都是要给儿童一个对世界的观念——在他周围的外界里究竟是些什么事。你的孩子的思想正确与否，全看他对于"哪里""什么""为什么"的各个问题所得到的正确知识的多寡而定。可是你孩子问了这个又问那个，有时不免令你厌烦，因此，你往往拿些假话来敷衍他的问题。

父母们对于儿童所问的种种问题，很少能秉持正经的态度，因为他们看见儿童所问的许多问题太无道理。例如儿童们问："谁让下雨的？""为什么泥娃娃就不死？""为什么汽车总停在街上？""谁把玫瑰花染成粉红的颜色？""小孩子从哪里来？""我死了，就会变成天使么？"——诸如此类的问题，都会使成人表示厌烦。父母们很不幸地常遇见好些不能解答的问题，如天使啦、天啦、死后的光景啦，等等。但倘若儿童的问题父母能够解答，就应当用极简单的话回答他。最近，著者领一个孩子看了一个小鸟巢之后，他问道："那是你们给我预备好的、留着玩的小鸟么？"著者对他说，那是老鸟生下来的，于是他便问到关于鸟类生活的许多问题。

因为儿童没有太多语言做他思想的工具，亦没有很多的实际经验，所以他们很容易用动作姿势来代表他们的思想历程。他并不会坐在那里想一想怎样去开门；倘若门开不了，他会手推、脚踢、口咬，甚至哭喊起来。他不会坐下来想一想，怎样把两腿插入短裤里面；他却两腿乱动，他的动作鲁笨得真让你失笑——不是左腿穿入右腿裤筒里，就是两腿穿入一个裤筒里。你拿上衣给他穿，他拿他的手提着那个袖筒便往里穿，不住地这样穿。这样看来，思想的历程为尝试与错误（Trial and Error）一类动作；那就是说，儿童无论做什么事情都是乱撞，毫不加以理智的判断。

儿童长大一点儿，遇了事时就会逐渐减少乱碰的动作，而代以语言和思想。倘若儿童对于言语能代表的事物没有适当的经验，自然它就不会有适当的思想。在报纸上，我们往往看见什么所谓儿童的妙语；其实并无奇妙的地方，因为儿童的语言，难以理解，不合逻辑。不过因为儿童的思想和成人的完全不同，所以儿童所说的话，有时成人觉着特别好玩儿。一个小男孩儿听了关于一个更夫的故事。这个更夫每到整点就说："九点钟了，一切都好""十点钟了，一切都好"，等等。他对他母亲很正经地说道："可是，如果人家家里有一个人生病的时候，他又怎么说呢。"于是他的话就当作一个好玩的故事，屡次地传说起来。这个"好"字，在他看来，只是没有身体上的疾病罢了。

还有一个类似的故事：一个小男孩子从主日学校回来，说他曾讨论到帕卡德（Packard）式①的汽车。询问他的时候，他说有人曾上了高山，只有坐着帕卡德式的汽车可以爬山。他家里就觉着这是一个好玩的故事；其实，那不过是因为没有正当的经验而发生的误会罢了。

父母如果发觉儿童有许多不合理的思想观念乃由于他对于他所理解的事物没有充分的经验，就应当尽力使他获得种种的实际经验。午后带儿童出去散步，父母可以领儿童注意路上的许多有趣事物，以讨论故事的方法，讨论每天来送牛奶工人的事，使儿童尽力接近每日生活中所遇见的事物——这都可以增长儿童思维清晰的能力。

一方面，儿童常常不能看出事物的类似点，除非给他一一指出。他们不知道自己家里的规矩在别人家是不能实行的。他们不懂得拿瓷碟要和拿瓷花瓶一样地当心。他们看不出在阴冷的雨天湿了脚和夏天在青草上湿了脚是不同的。父母应当随机应变，尽力使儿童看出事物间的异同点。父母应当常教儿童明白，所谓服从，是服从一般聪明的长辈和领袖，并不是只在家中服从父母。亦应当使他明白握住门柄开门、开瓶盖、下螺旋钉都是一样的转法；培植花草和喂养动物要一样地谨慎耐心；以及种种其他的日常经验，都应使他明白其个别的性质和互相的关系。

另一方面，父母要让儿童看出有些类似点是错误的或是现实中没有的事。

---

① 原文为"柏克尔式"，今译作"帕卡德式"，指敞篷车类型。——编者注。

儿童想汽车停住是因为疲倦了；一个人跑着运动，儿童以为他是在惧怕；父母有困倦的样子，是因为他没有午睡：这样的类似点都是错误的，应当随时矫正。儿童要玩或抚摸不认识的狗和猫，你就最好对他说："我们可以玩我们自己的狗和猫，可是不要动别人家的猫和狗。"这可以帮助儿童的思想更能清楚一些，还可以给他们做事的根据。这样说，自然比平常一般人对儿童说的话要好得多；他们常这样对儿童说："不要动那条狗，它要咬你的。""不要摸那只猫，猫身上有小虫子，会传染疾病的。"这类的话丝毫不能给儿童一点儿帮助，反而使儿童养成惧怕猫狗的心理。

除了缺乏充足适当的语言和缺乏日常的实际经验以外，还有些事情让儿童的思想不及我们成人的思想完善合理。儿童不认识各种颜色，亦数不清东西的数目。他不明白什么是方形、圆形、多边形等形状，他更辨不清音乐上的名词用语。这些缺点是由于年幼的缘故。儿童到了入幼稚园的年龄，自然会慢慢地克服这些困难。不过只要儿童有那样的缺点，我们就可以看出他的思想尚不完善。一个男孩子把一小片镍当作一角硬币，于是全家便笑起他来。可是在他看来，一块镍片和一个镍片做成的硬币并没有区别；只是大的值得多一点儿，小的值得少一点儿罢了。这个小孩，后来一次又把比美分硬币大一些的一个加拿大硬币，当作一个 25 分的硬币。他很喜欢那硬币的颜色，体积又大，在他看来，为什么不可以当作 25 分的硬币呢？

一个两岁的孩子坐在地板上面，纸牌散在他的周围，家里的人很心硬地戏弄他；他一转背，他的哥哥就偷去一张，他亦看不出来。凡超过两个以上的任何数目，他看来不过是"很多"罢了，所以少了一张和以前没有分别。

又一个小孩子，曾拿了一个盛盐的小瓶追赶小鸟，他想若撒盐在小鸟的尾巴上，就可以抓住他们，这样一直闹了一早晨的工夫。他想不到，如果能探着撒盐在小鸟的尾巴上，自然亦差不多可以抓住它了。幼小的儿童，对一切数目、距离、大小、形式等，都不会辨别清楚的。

还有些别的原因使你的孩子的思想不能清楚。大概他心里没有一个思想，不等他弄清楚，那个思想便消减了，这是儿童思想里的自然倾向。儿童每做一件事，绝不会像成人要先想一想；他一有思想便立刻去做，而且做得不久，便以为结果不过如此罢了，这是儿童很自然的行为。他长大若干年后才会改变，学会仔细地想一想。一个小孩子看见某件东西很吸引人，就要去玩弄。他想一件事，就是去做一件事。布里奇斯（Bridges）[①]在麦吉尔大学（McGill）[②]做儿童试验的结果：一般儿童对他们喜欢的东西，都不能有超过 7 分钟至 10 分钟的注意，儿童要注意他们心中所来的种种思想比注意具体的或有形的东西更难。倘若你的小孩儿做事总是不假思索，即贸然从事，他不过和别的小孩儿一样，并不算奇怪。

父母怎样可以教育儿童能有完善的思想？我们已经说过，给儿童经验就是帮助他思想。此外，父母还可以用别的方法帮助儿童思想，父母可帮助儿童批评他自己的看法或思想。例如，儿童说："我拿起满满一杯水，还一点儿都洒不出来。"父母就可以对他说："杯里的水要像这么满，你捧起来就会洒了。"于是就让儿童试一试，水怎样会从杯里洒出来，但不要有一点儿"我告诉你这样做的"的态度。倘若你的孩子说他把澡盆里的水龙头拧开，水还不会溅开，那你就拧开水龙头，让他看一看水一流得太急就不能不溅开的。父母永不可对儿童有一种骄傲的、太肯定的态度，例如，父母会说："你懂得什么？让我告诉你吧！"

你应当给儿童一个思想清楚的榜样。儿童要有清楚的思想，须常接近思想不糊涂的成人。一个成人如果常不思索即贸然武断、常逃避问题、说话不简洁切题或强词夺理，他便给了儿童一个很坏的榜样。

对待儿童的时候，你自己能真诚坦白、思想公正，就是给他一个最好的榜样。倘若成人给他的都是些坏榜样，那就不要希望他能有清楚的思想；正如一个儿童学习语言，他周围的人说的都是些粗俗不通的语句，你怎能希望他学会说漂亮的话呢？应当及早发现你孩子的智力的高低，然后帮助他用耐心，慢慢克服他许多思想和语言不成熟的缺点。

要有耐心，熟习儿童的心理，你才能明了儿童的思想是怎样地与成人的思想不同。总之，不嘲笑，多给儿童以同情，多给儿童以思想清楚的榜样，再加以上面所说的耐心，自然可以帮助儿童养成善于思想的习惯，他长大以后，自然会有清楚合理的思想了。

[①] 原文为"柏烈治"，今译作"布里奇斯"。——编者注。参见 Brdges, R. M. Banham, *Occupational Interests of The re-year-old Children, Ped.Sem. And Jour. Gen.Psych.*, 1927.

[②] 原文为"马季尔"，今译作"麦吉尔大学"。——编者注。

第十一章　玩具与游戏

　　玩具对于四五岁以下的儿童，是非常重要的。这是什么道理？因为玩具对他们的意义，正如学校里的课本及其他教材对学生的意义一样。游戏就是他们的教育。

　　甚至儿童所做的最简单的游戏，在教育上都有很大的价值。一个母亲说前天她和她的小女孩玩弹骨子片的游戏，耗费了 20 分钟，觉着很可惜。那件事在她看来似乎不值得去做，是白费工夫的。可是如果我们坐下想一想，到底儿童从这样的游戏里学到了些什么，我们就会觉得至少学到 3 件事：第一，她学会怎样和别人轮流作庄；第二，她学会怎样按游戏的规则去玩；第三，她还学会了许多公平竞争的观念。在这样的品格训练之外，这个小女孩在弹骨子片射入鹄眼的时候，还学会怎样使用她的手指和手腕。

　　又一个母亲说她的小孩子玩耍简直是浪费光阴。她假装收拾屋子、扫地、擦桌、用地毯刷子在已经很干净的地毯上乱擦。这个小姑娘不但从清洁的事情中找出了乐趣，而且她跟着别人做事让她认识了许多周围的东西。儿童非得从实际的经验之中才能真正认识事物不可。所以儿童扮作烤面包者、厨役、母亲、送冰的工人、杂货铺里的掌柜，他就学得不少关于这些人物的知识。他对于这些人物的知识越多，他就越能了解他们。儿童用彩笔在纸上乱涂，虽然画不出什么东西来，但他学会怎样使用他的手和手指。那种瞎抹，早晚会抹出些东西和字母来。儿童学习画画，须从涂抹做起。

　　儿童游戏的时候，他学会怎样使用他的肌肉，他得到许多关于他所接触的各种事情的知识，他增加了很多说话的能力。他在想象式的游戏中，学会实际的做家里的各种活计，并学会怎样做以后他必须做的工作。那种极简单的游戏，虽然父母们有时不明白它怎么能帮助儿童的发展，但它的确多少会帮助儿童的。

　　儿童的玩具，应当按他年龄的不同而有分别：对幼小的儿童，我们应当选些他能试验的玩具——他可以推、滚、掷，甚至还可以咬或舔的；幼儿的玩具须耐久，而易于洗擦干净。以下是为 1 岁的儿童预备的玩具：

能响的玩具。颜色要少，响声要小。
木珠。穿在粗耐的绳子上（珠以一寸大直径为最佳）。
橡皮或象牙圈。
小橡皮动物（但不应有响声亦无尖凸之处）。
用细软物装塞成的动物（能洗的）。
玳瑁玩具。
柔软的小偶娃。
一副木块玩具。
铝制的小碗碟。边要光滑。
穿在线上的一串细轴。
好些干净的纸片。
木匙木盆。

对于过了婴儿时代的儿童，我们应当按以下的标准去购置玩具，每类之中至少有几样才好。

能用作活动的游戏的玩具，如小脚踏车、小推车、小锄铲或可攀缘的木架、皮球等。
各种东西的小模型，如小洋娃娃、小桌椅、小床榻、做饭的小器具等。
可以创作的材料，如木块、泥土、沙土、有孔的小珠子、彩笔、纸等。
图画书、诗歌本、故事书等。

儿童一旦会行走的时候，就应当有可以做活动游戏的玩具，如小车，可用绳子拉的东西，特别是木制的小火车，更能引起他的兴趣；他亦应当有个木架去时常攀登，有个皮球可以玩掷。滑车亦很好，但玩的时候，须要有成人在旁监督。

一箱木块、一个沙子箱或一盘细沙和一把小匙子，可以供给他不少的创造材料。这样的东西，他可一直玩到 3 岁。

无论多大年龄的儿童，我们都应当鼓励他们多做户外的游戏。约翰和静儿整天在院子里玩，他们的玩具是些旧木箱，突出来的钉子自然都已经去掉，此外还有些光滑的窄木板。他们用这些东西先造了一列火车，又造了一艘船，现在他们又在盖一个动物园呢。一辆三轮脚踏车是他们忠实的伴侣，总是静静地在那里等候着他们。儿童们做够了活动的游戏，便到一堆沙土上，去玩沙子和木头做的动物。他们真快乐，因为他们总是痛快地在那里忙碌。他们忙碌，因为他们总能找着好玩的东西去玩；那些东西有趣，是因为正适合于他们的年龄。他们游戏之后必能好好地休息。他们少做许多淘气的事情，因为"他们只顾着玩耍玩具，不留给自己一点儿工夫。"他们的游戏于他们都很有益处，因为他们都在户外玩耍。

　　儿童都应当有户外的游戏，不但是因为可以使他们身体上应有的各种能量得到很好的发泄，亦是因为日光和户外的空气，可以增进儿童身体上的正常发育。日光的功效，似鱼肝油给予人的滋补一样。除去很热的天气以外，日光对儿童都是很有益处的。人人都有这种经验，当阴雨连绵，儿童们须囚在家里的时候，他们是多么疲倦、无精打采、不耐烦、易怒吵嚷。可是一到雨过天晴，能出去做户外运动的时候，无论儿童和成人感觉多么舒展，有如重负初释地那样快乐。例如爬、跑、玩大木块、木板和大一些的木箱等游戏，不但是发展大肌肉所必需的活动，亦是可以训练儿童身体各部的细小肌肉，作将来读书、说话、缝纫、剪割、裱糊的各种动作之基础。刚提的这些事情，是静坐的工作，不能用于两三岁的儿童，即到了4岁的儿童亦不能多用，尤其是缝纫和阅读，还不是4岁的儿童可以做得好的工作。

　　6岁的玛丽（Mary）总喜欢坐下裱糊，也喜欢在外面给小洋娃娃洗衣服，用木箱、木块给小洋娃盖房子，或用小木块在屋里盖房子。不论在户内户外，"过家家"（即学大人过日子）的游戏，对儿童都是很有趣味的。

　　做活动的游戏累了，可继以安静的游戏。父母往往看见小孩子们在午后做了活动的游戏，进来的时候，带着不高兴的样子。这种情形，常是因为他们找不着东西可以做安静一些的游戏。幼小的儿童和大一些的儿童同样可以因运动太多，反而感觉过度疲劳。玩沙子、给洋娃娃盖房子或用大木块盖房子，都可以在冬天的太阳下与夏天的阴凉处玩；这都是比较安静些的游戏。下面是些可以做活动游戏的玩具：

拉的玩具：汽车，木马驾着小马车，四轮车。

骑的玩具：各种脚踏车。

马缰。

各种球类。

滑车。

爬梯，木架。

木箱子。

光滑的木板：6尺长，8寸宽，1寸厚。

选择这些玩具的时候，我们要记得一个原则：倘若你不能多预备，或院子里没有宽广的地方玩，你所选择的那几个玩具就可能作好些用处。比方滑车不只能用作滑溜的游戏；一个小汽车，或一个四轮车，可以当货车、马车、火车，等等。拿木箱和木板，可任你随意的使用。

倘若院子里有地方，种花草亦是件好玩的事。在室外喂养小动物，亦可以养成儿童的许多好品格。但这样的事，须等到儿童长大一些、能照顾小动物的时候。跑跳，一个藏起来，一个寻找，寻找物件，是玩玩具玩腻时的很好的游戏。

两岁左右的儿童，虽然和别的儿童在一起的时候，仍愿独个玩；可是我们仍不妨鼓励他交些同岁的朋友。3岁以上的儿童，就应当多和其他儿童在一起玩，这比他们独自玩时更会有趣。但儿童亦应当有独自玩的时间。

下面是些可以用作安静的游戏的玩具，但选择的时候还应当以其用处广泛为标准。

木板（以枫树木做的为佳）：

24寸长，4寸宽，2寸厚。

8寸长，4寸宽，2寸厚。

24寸长，9寸宽，1寸厚。

散步游戏的玩具：

动物玩具。

各种小树模型。

方船（或小筐子）。

小洋娃娃的家庭。

小洋娃娃：

坚实耐久的。

废布制的。

在户外过家家的玩具：

小人床，马车，水炉。

洗衣盆，洗衣板，晒衣夹。

厨房用具：打蛋杵，番薯去皮器，面粉筛。

请客吃茶的小桌椅。

儿童在室内可以玩的玩具，数目亦是非常繁多，如装扮成人过家家的小玩具、洋娃娃、小器具、木制的小火车、木块、小动物，等等，父母可按自己家里购置能力准备。

一套不易破碎的吃茶器具，便可使儿童做起很有趣的游戏来，亦可以教儿童学得在桌上的好礼仪。两个儿童玩吃茶的游戏，一个装作客人，是使儿童学会好礼仪最好的方法。好些对儿童不好教的事情，都可以用游戏的方法教他，反能使他产生很大的兴趣。

儿童的玩具中，不应当没有小偶娃。一个硬木制的小偶娃，穿着能脱下来的衣裳，可使儿童一直玩耍好长时间。自然，小洋娃娃的衣裳亦要有扣钮、扣眼或扣钩等，和真的衣裳一样。儿童给他的小洋娃娃穿衣，脱衣，亦学会了给他自己穿脱衣裳。儿童学习给他们自己和他们的小洋娃娃穿解衣裳，比拿木架学习要容易很多。

亦应当为儿童预备能创作的材料，如沙子、泥土、彩笔、纸、木块等；儿童玩这些东西，常有很大的乐趣，因为他们可以反复使用。儿童都喜欢这样的游戏；倘若能这样玩的材料预备得充足，儿童的那种所谓"破坏性"可以减少很多。他们如果有沙子、泥土、木块，可以堆塑、制造、建筑东西的时候，自然不会毁坏那些完整而不应拆开的东西。倘若你给儿童预备了彩笔，你就要给他预备白纸。好些家庭的圣诞树常遭不幸的毁坏，都是因为儿童有了彩笔，或其他画具，或小的刀剪等物，而没有使用的地方。一个儿童会在新裱了的白墙上画画，也会把他的新衬衣画得一塌糊涂。

倘若你给你的孩子预备了画具或泥土，你就要给他预备一块油布围在他的身上，将一块油布盖在桌子上面。这样，他就可安心做工，不怕损坏衣裳和家具了。有时儿童拿了彩笔或沙土，弄得乱七八糟，但仍可表现他的一些思想和练习他的肌肉，是在玩别的东西时不易获得的效果。

倘若你给孩子预备的大木块很多，足供他做各类的游戏，他就可以在那些木块中，找到无穷的乐趣。木块可以常做杂货铺的干货物，亦可当作冰块，亦可做煤堆，亦可当作盖房子的材料和火车的轨道等——任孩子随便地使用它们。

起始的时候，儿童只不过会把那些木块堆起，再把它们推倒；把它载上小车，然后再卸下来。以后，他就会用它们给他的小洋娃娃做桌椅床铺，为他的小洋娃娃和木动物盖房子，或造火车。快到他入学年龄的时候，他就会用那木块制作各种的建筑。他给小牛盖牛栏，给汽车盖汽车房，或修汽车路，或做小洋娃娃的床榻、桌椅，等等。不停地变换兴趣是他游戏的特性，幼儿唯一的乐趣就是活动，活动的本身就是他的目的。他把小桶装满了沙土，然后再倒出来；倒出来后，再去装满；装满了，再倒出来。他跑跳就是要跑跳，并不是要获得什么锦标。他稍稍长大的时候，他就不拿活动本身做目的了，因为活动还可以产出结果。他从那种只装卸木块和把木块堆起来再推倒的单纯游戏，渐渐进入创作游戏的时期：他活动的结果可以成就了一个房子，或其他的东西。他玩沙土，从无目的的活动中进入到了能做成沙土饼或沙土房的阶段。

儿童起初游戏的经验极为简单，以后慢慢地复杂起来。起初他只知堆沙子、载木块，后来他游戏的经验逐渐增加，他就可玩那些需要复杂想象和复杂动作的游戏。例如，两岁的儿童把木块一个一个垒起，连他自己亦不知垒的是什么东西，你如果要问他那是个什么东西，他亦告诉你一个名字，不过他所说的，连他自己亦不明白是什么意思。以后，他们也许把他盖起的东西叫作房子、桌子；也许他把木块砌成一条长线，再沿着长线盖好些东西，长线代表火车轨道，沿着轨道的东西代表车站、避雨棚，等等。起初一个儿童玩，不久，三四个儿童亦参加进来。他们一个扮站长，一个扮工程师，其余的扮装货工人，或做其他车站上的工作。儿童游戏的复杂性是与年龄俱进的；他游戏中想象的成分亦是逐年增加，一直到他入幼稚园和小学的时代。那时，他想象的游戏已发展到最高的程度。

给儿童选择的第四类玩具是图画书、诗歌和故事书。这些书所讲的内容，须和儿童的实际经验有密切关系。幼儿不懂得什么神仙故事，这是学龄儿童爱听的故事。幼儿所爱听的故事是怎样起床啦，怎样穿衣啦，怎样洗脸啦，怎样吃早饭啦，等等。给儿童预备的书籍不要有可怕的图画和使他惧怕的故事。

一个4岁的儿童，听了一个熊吃小动物的故事，夜里便不能安睡，啼哭起来。问他为什么哭，他说因为他睡着的时候，听见有熊在门外咬碎骨头的声音。另一个4岁的儿童，看见了一张失火的图画，他就一直忧愁了好几个星期，怕自家的房子失火。要记得，你告诉儿童这些可怕的事情或带残忍性的故事，正是导致了儿童惧怕的心理；这样的病态心理，是不易除去的。给四五岁以下的儿童预备的书籍，应当多有各类的图画，动物、船只、火车、汽车，尤其能引起儿童的兴趣。

儿童从游戏里能得到什么教训？起初，你的孩子只愿自己来玩。他到了3岁的时候，虽然喜欢和别的儿童接近，但仍独自玩耍。过了3岁以后，他就渐渐和别的儿童在一起玩了。和别的儿童在一起玩，可给他很多教训。第一，他学会和别人分享，和别人轮流玩。独占惯的儿童，平常是不会分东西给别人或让别人和他一同去玩一件东西的，只有在游戏里，他可以学会这样做。因此他学会了和别人合作；第二，他学得让人，为的是要在别的时候，别人亦可以让他；第三，他亦学会了自治的能力。幼儿的怪脾气可能是要引人注意的，自我炫耀的动作是不易互相影响的；最后，和别的儿童在一起玩，可模仿他们的种种动作，儿童不容易学习成人所做的事，但他们之间极易互相模仿。他如果多和别的儿童在一起玩，学习语言的速度就非常快，亦能很快地学会了许多动作——自然不尽然都是好的，但大半是对他生活有益处的。

选择玩具的时候，要注意几件事：一个玩具的好坏不是看玩具本身怎样，而是要看儿童拿了这个玩具能做什么？一个机械的玩具有3种玩法，你能装配起它的器械，看它动，还可以把它拆毁，但幼儿不能仅仅以装配机器和看玩具动就算满足，所以机械的玩具不适宜三四岁以下的儿童。

选择玩具，还要看它能不能耐久，不要只顾它玲珑好看或构造完全。幼儿不懂得好看不好看，亦不懂得构造完全不完全；他只知道拿了玩具做各种的尝试——这里摔一下，那里碰一下，看哪个玩具究竟怎样。一个轻脆不坚固的玩具，给了幼小的儿童，不久就弄碎了。一个大的玩具，如果儿童能坐骑，或站在上面，就须坚实，能支撑住他的重量，因为三四岁的儿童会骑上他的小火车，也许会睡在洋娃娃的小床上，也许会站在小椅子上，也许会爬到洋娃娃的小车子里去。倘若两个儿童在一起玩，他们的玩具就须能支撑住两个孩子的重量。小茶具和煮饭的小器具亦须格外坚固，不易打破。

玩具的大小，须以能适用为佳。① 洋娃娃的小桌椅至少须能容得下一个小洋娃娃。茶具和煮饭的用具，如果能为儿童自己使用，就更能给儿童许多的快乐。

假若可能的话，给儿童预备些可以加添的玩具；例如一块"田地"和一些"牛马"，可以再加上一个"车子"，还可以再添一所"房子"。一个小"马戏团"可以每年补充新的动物，增添新的帐幕和器械。一个小洋娃娃的"房子"，如果能时常继续添置新器具，就可给儿童无穷的乐趣。

使用玩具的时候亦有几件事应当注意：同时拿出太多的玩具来玩，会使儿童受过度的刺激。每个玩具都暗示给儿童一种不同的游戏活动。儿童心里一下子来了很多的想法，他同时想起许多游戏都可以玩，所以至终不知怎样选择决定才好。他从这个游戏想到那个游戏；还没有决定要玩哪一个的时候，早已想得疲倦了。平常的儿童，不应当同时玩太多的玩具，那神经过敏或病后初愈的儿童，更不应该同时玩太多的玩具。

一个 5 岁的儿童，从极危险的病症中刚刚好了，还是正在医院里调养的时候，却越来越不好了。他变得性情越暴躁起来，比入医院以前更性急好动了。因为在医院里到处都是玩具。他自己屋子里已经有很多的玩具，但医院里的人却仍不住地给他玩具；所以他无论走到哪里，满眼都是玩具；小牧童的衣服、小车子、皮球、木块、小动物，还有许多精巧夺目的机械玩具。后来把那些引儿童活动的玩具都收了回去，给了他许多在床上可以玩的东西，如图画书、画具、小木

---

① 以下的这些意见，系采自 Gruenberg 的 *Your Child Today and Tomorrow* 一书，特此致谢。

块和几种很简单的小玩具，他的情形便转变得好了，他的活动和暴躁的行为都减少了。

倘若儿童应当收拾起他的玩具，停止玩耍，你不能叫他把所有的玩具立刻一下都收拾起来。这样，恐使他太受不了。又应当给他预备一个小橱或一个小屋子放他的玩具；一套玩完后放回原处，才许他再拿另一套出来玩。倘若儿童在圣诞节得到很多的玩具，你就应当替他藏下几个，等别的玩具他玩得已没有兴致了，再把这几个拿出来给他。

有的玩具应当留着，等下雨天玩。能裱糊小玩意、画水彩画或打扮起来作戏的儿童，一到了雨天就愈高兴起来，因为他可以做那些裱糊、画画的游戏了。

破了待修理的玩具可以先搁着；找一个时候，你和你的孩子来尽量地修理它们；趁早修补那些玩具，就不至于使它们破坏得不可收拾了。椅子腿可以用很浓的胶粘起来。地板上盖上厚纸，儿童身上围上油布裙，可以预防许多损失。一大堆的坏玩具放在外面，不但与儿童没有益处，而且很不雅观。

雨天是做整理玩具和粉刷橱柜的好时候。其实，这些零碎活计，倒可以给儿童不少的乐趣。他亦可以帮助厨师或母亲烤面饼、煮菜，好些儿童最爱做这样的活计，所以你可以拿这种活计当作优待儿童的一种方法。

出去长途旅行，或父母带着儿童去访朋友，都应当给儿童带上他的玩具。一盒小木块、一个小动物或一列小火车；倘若大一点儿的儿童，可以给他带一本旧杂志、一把圆头剪子：这些东西，都能使儿童安静地做他自己的事，不然，他就会顽皮地来搅扰你，或是不高兴起来。幼小的儿童不能不活动着，他们不能安静地坐到六七分钟。玩具给儿童很多活动的机会，可以省去你的不少"不可""不要"之类的废词。

总之，儿童的玩具应当包括那些能使儿童活动的东西——好些东西的小模型、能创作的材料、书籍等。选择的时候，要注意它们能不能耐久，是不是适合幼儿的心理。

我们引一句专家的名言："游戏是儿童的工作，玩具和游戏的材料是他们的工具。"为儿童选择最好的工具，为他们预备最好的工作坏境，便是父母的责任了。

第十二章　关于用钱

生在现代社会里的儿童，最应学习的，是用钱的习惯。人类的文明越复杂，这种交易的媒介——钱——越为重要。处在今日社会里的一个人，如果没有钱或其他可以抵价的资产，他就什么都不能进行。

古代，当以农产品或手工制造的货物做贸易媒介的时候，人类不重视怎样运用钱币的知识，但现在世界上，没有一个文明的国家不以钱币做交易的主要媒介。农夫有时候纵然可以拿他的粮食抵换货物，但他须把他的粮食先折算成钱币的数目。面包商销售了他的食品，先卖成钱，然后拿钱买货物以满足他自己的需要。如果在古代的社会里，他就只拿他的食品向药商、布商、珠宝商去直接交换他们的货物。

幼小的儿童，和古人一样不知钱的用处。6岁的儿童应当认识一个铜元、角币、银元；但就是已经到了这样的年龄的儿童，恐仍不知那各种的钱币是怎样使用。有好些有趣的故事，论到儿童怎样地不明白钱和劳动间或钱和货币间的关系。

一个小女孩要她的母亲给她买一个很贵的洋娃娃。她的母亲说她没有钱买这样贵的玩物。于是她说："好了，告诉爸爸让银行里送钱给他呀。银行里有的是钱，爸爸在银行里有钱呢。"她以为钱是爸爸可以无限量地拿给家里的东西。一个6岁的儿童，在他的生日得了5角钱的礼物。于是他把那5角钱拿出来，掘了一个坑，很慎重地种下去。过了几天，他看见那5角钱没有生长出来，便非常生气。他以为钱和花草一样可以栽植。他以为真有"摇钱树"这样的事情。儿童缺乏这样的知识是很普遍的事情，并不算稀奇。

不要教儿童太重视金钱，但可以教他怎样使用自己的零用钱；再大一些，教他怎样给家里买东西。儿童到了五六岁的时候，就应当给他些零用钱，让他自己存起来。这样的钱，亦应当教他做预算，应付各种特殊的用处。

著者有一个朋友，他给了他的小孩一些零用钱，就分作好几部分。给她的钱分为几部分存放，并写明它们的用途：一种是教堂的捐款；一种是买抄本、铅笔等的钱；一种是要存起来的钱；还有一种是给她自己随意零用的。一次，这个小姑娘把她要存的钱和随意零用的钱都花掉了，她又想要一支新铅笔，她要拿为教堂捐的钱来应付这一次的急用。于是她母亲向她解释，这已经预算好的钱是不能提作别用的。这是一种意外支出，除非是她非用那东西不行，就须等到下礼拜再买。这是这个孩子第一次得到关于意外支出的教训。

我们应当让儿童有自由花他们自己的钱，特别是给了他们去娱乐的钱。如果儿童还不知道3分钱能买一支平常的铅笔，5分钱能买一只极好看的铅笔，买一本笔记簿就得用6分——如果儿童不知道这些分别，他就不知道钱的意义。倘若儿童把他的钱都存起来不花，他就得不到这种经验。

儿童应当养成定期储蓄的习惯，那就是每星期要存起一些钱来。倘若儿童储蓄无恒，或这星期储蓄3分，下星期储蓄5分，再下星期就1分不存，这样，儿童就养不成好的习惯。聪明一些的办法，是每星期都储蓄3分钱，这样，他按期储蓄的习惯就可渐渐养成。儿童应当只把一部分的钱存起；如果都存起来，他就不能得到一些娱乐的机会了。他花钱的经验，只能在花钱中获得；如果他没有这种经验，虽然你给了他钱，他亦不能享受那钱的好处。除非他知怎样使用他的钱，他就纵然储蓄起来，亦没有用处。要储蓄的钱，应当让儿童亲自存入银行。父亲或母亲应当带着儿童赴银行存钱，让儿童亲眼看见他的存款数目已记入存折。除非不得已或为儿童自己的利益时，否则父母永远不应当使用儿童的储蓄。

帮助儿童按一定的预算去使用他的钱。自然，那随意零用的是不在例内的。一个母亲在孩子的9岁生日时，给了他3角5分钱，亦没有告诉他怎样去花；后来在窗台上找着了这3角5分钱，于是她还给了他。可是，次日又在椅子上发现了。这个孩子永远没有花钱的习惯，他永没有自己花过钱。在他看来，角币与铜元，不过是形状不同，此外就是没有什么意义了。

儿童所储蓄的钱，应当用于目前的需要——如要买一个洋娃娃，或小桌椅，或给父母买礼物；大一些的儿童，可以存钱买小汽车或脚踏车。儿童极喜欢拿他自己的钱买东西。只有通过交易才可以给他教训。如果只把钱存在一个小匣里，过些日子存得多了再换一个大匣，那么对他是没有益处的。

一个小姑娘每年需把她生日和圣诞节所得的钱都储蓄起来；到她10岁生

日时，别人就问她要些什么东西，她答道："我只要这些钱不存在钱匣子里就够了。"——她以为放入匣子里的钱，就是失掉了的钱。

教导儿童关于钱的事情，有一件事应当常常记在心中：就是应当教儿童先明白价值和物件的关系。儿童都是在他们一点儿不知道的元、角、分值多少钱的时候，就开始和别人交易了。4元钱的一个小车，换一把值2角5分的铅笔刀，是多么不划算的买卖！成人如果有机会，就当给儿童解释公平交易的标准，多少钱能买什么东西。如果他还不能明白钱的价值，就最好把钱分成一堆一堆的单位，再互相比较。

一个儿童拿6元钱的一个小戏院模型，换了一袋值5角钱的白石子。他父亲把6元的钱分作12个5角的堆子，和那买石子的5角钱比较给他看，于是他就明白了这个大教训。

3个儿童在学校里合伙开商店，就明白了许多钱的事情。最大的那个儿童，把值2元钱的一本书只卖了1角5分，可是把只值1角钱一瓶的墨水却卖了1元钱。教员进来，给他们讲明这两件东西价值不同的关系。纵然目的只是学习算术，亦不应使儿童养成这种不近情理的价值观念。儿童学习算术不论怎样纯熟无误，倘若他们仍不能辨别实际的价值，就不能算教学上的成功。

最有趣的例子，就是最近儿童节俭运动里的一个笑话。一个9岁的儿童，把价值10元钱的一只表，只卖了1元钱，为的是要增加他在银行里的存款。关于节俭的教训，再不能比这事更矛盾了。教儿童节俭，有时反而这样地弄巧成拙；有时亦会使儿童不分皂白，把什么都收集起来——邮票、火柴盒，以后又存钱，但他的钱并没有什么意义，只是像收藏火柴盒罢了。

你给儿童零用钱，永不要拿它用作儿童好操行的酬报。一个10岁的女孩，每星期得3角5分钱零花；倘若她吃早饭晚迟到一次，就扣去5分；她每次带回家里一篇好卷子，就多给她1角钱；倘若她有一篇不好的卷子，就倒扣1角。一次拿她的账来结算，是这样的结果：

  一篇不好的卷子，扣1角。

  两次好的卷子，加2角。

  早饭晚迟到3次，扣1角5分。

丢了鞋套，扣1角。

丢了帽子，过了两天又寻见，扣2角。

星期六下午，母亲请客吃茶，特别规矩，加赏1角2分。

一个大学的数学教授，或者才能把她的账目算清。格伦伯格夫人（Mrs. Gruenberg）[①]说过一个故事，很像上面的这个例子。在这样办法下的儿童，永不知怎样计算钱财。而且这样的办法，会使她常常这样估计：迟到是不是值得5分钱；做好卷子，多得1角钱，比写坏卷子被扣1角钱，是不是要多费力。还有一个不好处，就是这样扣来扣去，父母亦忘掉应当减扣儿童多少钱，那扣罚的意义便失掉了。

用扣减零用钱的办法来对待儿童，还有一种危险：他被减扣到没有一文钱的时候，往往会做出些可笑的事情来。一个男孩子从他表哥处，买些无线电的零件，打算用他这星期的零用钱偿还这笔欠债。可是到了星期日的时候，他一算账，不但没有得到零用钱，反倒欠了几分。于是他不得已急赶着给一个杂货店做了半日的送货工作，才算把这笔账补齐，免得在他表哥面前丢脸。处于这样地位的儿童，很容易学会偷窃、赌博，为的是补上他们被扣了的零用钱。

一个7岁的儿童偷了母亲的手表，卖给他的一个15岁的朋友，售得的钱，他要做他家里"感恩节"的捐款。他积蓄起来的零用钱，因受了那种行为的处罚，全被扣掉。他不愿意让他的朋友们看见他没有钱捐出来，于是他就拿别人的东西。

父母应当按家庭的收入之多少，决定给儿童零用钱的数目，除非是家庭的收入太大，儿童还不会使用那么多的钱。穷一些家里的儿童，不应当觉得他们可以不顾家庭的经济状况，随意去花钱。富家的儿童，在社交上的要求自然广些，比他那些穷朋友的捐款和开销是要大些。给儿童的钱，应当按他的年龄和花钱的能力逐渐增加。他生活中的要求愈多，他就愈当有充分的经济收益来应付他的这些要求；但须有人监督他，看他的钱是不是花得正当。

有一个14岁的儿童，父母给了他在学校里吃午餐和坐车的钱，不到一星期

[①] 原文为"格兰柏尔夫人"，今译作"格伦伯格夫人"。——编者注

就统统花完。他家离学校本来很近，那坐车的钱本可以省下，徒步来去；自然午餐是不能不吃的。这件事，有两点我们应当注意：第一，对于不正当的花钱，儿童自己可以负一半责任；第二，在有些情形之下，这种责任交给儿童，反足以贻害他们，所以做父母的应当时时审慎。

在中学时期的孩子，不但应当给他正当的零用钱，还应当给他些买衣服的钱。他应当有充分的经济收益，以适应他的各种要求，所以他应当在适当的监督之下，置买他所喜欢的衣服。著者对于十几岁的儿童有不少的经验，他们多半表示，他们最希望的事就是买自己喜爱的衣服。儿童在父母的指导之下这样用钱，正可以给他不少实际训练。养成使用钱的好习惯，和学习别的事物一样，就是你从书本上念的或听别人讲的理论，和实际的经验不完全相同。

中学时期的孩子，亦应当有应酬的零钱。在不至使他太奢侈的范围内，应视家里收入的多少酌量给他。

儿童在家里做事应当受报酬吗？是的，只要你记着：儿童在家里亦有他应尽的义务。无论做什么，是不应受报酬的。儿童在家里做一些赚钱的工作，亦未尝不可；但你须知道他绝不能有那种非钱不做事的思想。假若你给他一种特别的工作去做。他就须每天好好地做，不然，他就会半途而废了。给儿童一件工作，叫他每天好好地做去，这对他的品格有很大的好处。倘若你不逼着他每天去做他已承揽下的工作，他就会想：工作可以做，也可以不做。这种思想，对他将来在处世上，再有害不过了。

儿童在家里做工所得的报酬，须和正式的工资相等。一个 4 岁的男孩子，照他父亲的吩咐，用自己的小耙子和小扫帚，扫除院子里的树叶。他用了 3 个小时的工夫，把院子收拾得十分干净。要是一个成人做这事，至少得赚 7 角 5 分或一元钱的工资。但他父亲回来的时候，才给他五分硬币。这个孩子便对他父亲说："爸爸，假如你觉着这个工作只值五分硬币，就请你自己去做吧。"

一个 8 岁的儿童，将他家里的灶灰掏出来，倒到外面垃圾坑里，共得了 1 角 5 分的报酬。后来他知道了一个大学生给一个邻家做了和他同样的工作，得了 5 角钱的工资，于是他极为生气。可是他的父母觉着他实在没有生气的理由。这两个儿童都应当和成人赚差不多一样的工资，才能算是公平 —— 自然不能和成人赚得完全一样，因为他们的工作始终不及成人做得好。

你的孩子可以用别的方法赚钱吗？例如，你的孩子可以做小买卖吗？自然可以。夏天卖汽水；好些儿童喜欢做卖小鸡的生意；贩卖报纸杂志，亦是小孩子们可以做的好工作。倘若他做这样的生意，他就须把付出的本钱都计入账内。从他售货进款的总数里减去原来的本钱，才能算他的获利，才可以花用。倘若父母替儿童出了钱买了货物，卖进的钱都给儿童使用，是对儿童极为不妥善的事情。倘若他能计算出营业额的出入，只把除本钱以外所剩的钱当作他的正当盈利，他就会得到商业上极有价值的经验。

趁儿童幼小的时候，就给他养成会花钱的好习惯，可以免掉儿童的许多草率行为；儿童到了中学和大学年龄的时候，父母也就不至有许多为他们伤心难过的事了。

第十三章　年长儿童的训练

在服从一章里所讨论过的许多原则，对大小儿童是一样的适用，但父母们应当记着，成人对儿童的指导，应当随儿童的年龄逐渐减少。儿童在他出生后的8年之中，大部分的时光都是用来发展对各种行为标准的学习——如这件事可以不可以做，那件事可以不可以做？所谓标准，就是看这件事做了以后，成人或父母会持什么态度。倘若他做错了某件事，他就知道父母会惩戒他。倘若他所做的合乎一般人的标准，别人就对他不说什么。倘若他所做的那件事特别好，他就会得到别人的嘉许或奖励。他的举止动作，完全是要适应父母和师长的心理，处处要获得他们的赞许。

5岁以后，儿童就渐渐用他自己所确定的标准来决定他的行为。到8岁的时候，他做种种事情，差不多都是因为他自己知道哪些是对的，哪些是错的。到12岁的时候，他所立的标准便十分固定；虽然在团体中的时候，他须受其他儿童的指挥，但他还要按他在8岁前训练中所立的标准，决定或修改他的行为。

有好些他所要做的事，完全是为了社会要求那样做，并不是因为对与不对的缘故。最好是在儿童幼时，在他正确定他行为的标准时，就使他弄清楚这点。试举一个例子：儿童会学着像成人那样喜欢或反对用刀子吃东西。

一个4岁的儿童用刀子吃杵碎的蕃薯，母亲告诉他说不能那样吃。他说："为什么呀？用刀子吃这样多痛快呀！"他母亲说刀子很危险，会割伤他的。他便说道："可是叉子更危险！"

教育4岁以上的儿童，常常会遇见同样的问题。有些事是一个团体或一个地方的特殊问题。还有好些事，我们做不做是因为礼貌的缘故。

有时社会对某种事的做法亦有选择——那就是，除非按某种特定的方法去做，否则社会便不能承认。不论大小儿童都应当知道这点，因为十一二岁的儿童有时虽必须遵守他们团体或伙伴的标准、规则，但更切望成人对他们的赞许。可是他们亦应该有一种坦然的心情，感觉到他们的行为是很对的；这样，他们在其他儿童中间才能安心。

4岁以上的儿童，如果你要他服从，就最好告诉他简单的理由；对八九岁的儿童，绝对不能不告诉他为什么要他服从的理由。倘若儿童的动作是按照某种标准，你就须告诉他这种标准根据的是什么。有一个10岁的男孩随着母亲到一个茶会，母亲对他说："我要你一定不再要第二块点心。"不料他很不服气地回答道："为什么？就因为你说不要么？那才不是个理由呢。"这个母亲怔住半晌，觉着这个孩子太无礼了；幸亏过了一会儿，竭力压服她的怒气，并觉着这是一个问题。后来向孩子解释主妇所预备的点心，都是按来宾的喜好准备一定的数目，所以谁都不应多吃。于是他就明白了，不再不听话了。

刚说过的这一类的行为，在9岁、10岁的儿童中，极为平常。他们正在走进独立的阶段，渐渐怀疑一切的权威，只作合理的服从。到这个年龄，如果他越觉着父母的指导合理，他以后对于给他的许多行为标准，就越少疑问。

此时的儿童正在发展他自立的意识，倘若你要他做什么事，最好不用命令而用请求的语气。在儿童发展的历程中，无论在什么时候，请求的语气都比命令的口吻为佳。但儿童渐渐长大，对自己的行为能多负责任的时候，父母对他就更应当多用这种请求的语气。年长的儿童极肯接受你的请求。倘若你常命令他，反会使他产生反抗的心理。

"可以不可以服从？"倘若有让儿童这样选择的可能，就给他自由去选择。不论是年长的或年幼的儿童，倘若你非要他服从不可，你就不要给他选择的机会。一个母亲对12岁的儿子说："钟儿，你不要到杂货店去么？"他儿子回答说："不，我不去；可是倘若你要我去，我就自然要去的。"他完全有他的自由。她问他，他就回答，并没有一点无理之处。

儿童自己选择了一件事去做，他就应当自负其责，不能推责给他人。自然，父母不应当让他选择有害于他的事。比方，你12岁的女儿去参加一个晚上的舞会，你绝不能让她不要一个监护人就随便地回来。自然，她非有人监护着不可，这是不容选择的。你亦不能随便让你的12岁的儿子在急流的河里游泳，这也是不容选择的。像这样的事，若要让他自己判断对不对，或应该不应该，那就太危险了。这样地让儿童自己去获得经验，那未免对儿童太狠心了一些，而且代价太大。反之，倘若他愿意把他的头发剪成个可笑的样子，不愿按你认为好的样式去剪，那就不妨听任他自便，让他自己去经历那种怪样所引来的嘲笑和批评。倘若他愿意穿红袜子，结绿领带，你就任凭他那样做去，让他自己受一受别人的嘲弄。

有好些简单的事，儿童可以选择。例如：他的头发要剪成什么样子？星期日要做什么事？他的功课要晚饭前念呢，还是要等到晚饭后念呢？

无论多大的儿童，应当让他在许多事上有选择的机会。他屋子里的桌椅书柜，可以由他去安排，只要不太妨碍打扫，或开闭门窗。他可以在你的指导下，选择自己的衣服。给他购置衣服的钱，他亦可以决定怎样分配。比方，他愿意多用些钱买鞋，少用些钱买新衣，他就可以那样决定。可是，他须很情愿地遵守他的决定；比方，他既愿意买便宜些的新衣，他就不许再要买贵一些的了。除非他常自己考虑事情，自己决定事情，否则他就不能学会怎样自己出主意。

一次，著者向一个团体演讲，听众尽是些 20 岁以上的妇女。著者提出选择衣服的问题，于是在听众之中就立刻起了反应，许多人都热烈地发言，说她们在十三四岁的时候，受这件事的害处不少。一个妇女说："倘若我早就能注意一些，选择我自己的衣服，我一定可以更快乐一些。我记得有两件衣服，我实在讨厌。"不过实际上，一个人对他自己穿什么戴什么的兴趣在他入保婴学校的时候已经开始了。有一班 3 岁的儿童，教员问他们喜欢选择什么东西，一个小男孩子说："我喜欢在保婴学校穿的裤子。"问题里并没有指出衣服的选择。有时儿童还嚷着他们要穿这种袜子啦，那种特别的衣服啦，或要结什么样的领带啦——你不必认为这是什么不得了的事。有时，他把衣裳穿成古怪的样子，你亦不必去介意。

除非儿童觉着你的一切判断一直不会错，否则他就不能完全地信任你。除非他已觉出他自己已经错了，否则他就不能相信你是对的。儿童在十一二岁的时候做了错事，倒可以增加他对你的信任，使他在他青春期里，都肯接受你的指导。自然，你的指导不能是纯粹用威权的、无理由的；你须给他合理的、有思想的指导。只说"做去，因为就这样告诉你"而你自己却没有一点儿理由，就要他服从你——这样的态度只能使儿童对长者或领袖的人，早晚要发生反抗的心理。不然，就是使儿童养成一味盲从的态度，其结果更坏。

不论年龄多大的儿童，父母不应该和他发生无谓的冲突。父母和儿童间的许多冲突，是因为儿童发展中的许多变态行为。倘若父母在这些地方略微放任一些，这样的行为不久就过去了。大半的儿童在八九岁之间，要经过一个"好调皮"以自显的时期。倘若他拿"调皮"能惹得别人注意他，他就会一直"调皮"到青春期。这种变态的行为还可以一直继续到成人时期，对他自己和他的朋友都有莫大的害处。可是，倘若你对他的这种行为不加以一点注意，它就会渐渐地消减了，留不下一点儿痕迹。

一个私立学校的校长，发现他的学生组织了一个"调皮会"。他说如果没有这样的"会"，他们似乎不至于那样的"调皮"。他完全可以用他的权力解散了这个"会"，可是他却用一个较稳健的方法来解决这个问题。他对那些没有入会的学生说："年纪长大的人们才组织什么会社。'调皮'是八九岁时的行为。倘若我们不要理他们，他们的这种行为不久就要消减。我们不要注意他们的这种行为，我们可以帮着他们把这种行为早点儿脱掉。"于是他们就毫不去理会他们，在 2 周之后，这个会便无形地解散了。

4 年前，一些中学生穿短袜，亦不结袜带，他们的母亲们十分焦急。后来有人劝告她们，说不要太介意了，可以把这件事完全忘掉，因为 6 个月后，他们的装束就会改变的。果然，6 个月后，他们的这种装束便过去了。

以上举了好些例子，是要表明怎样用妥善的方法消除儿童在他发育的各个时期中和父母所发生的冲突。儿童在发育的过程中，绝不会避免发怒的事情，我们成人亦走过同样的路程。

倘若不是很要紧的事，就让孩子自己去定主意。你可省下你的威权，等不得已的时候再用。比方你的孩子要去做一件有害于他的事情，那时你就要使用你的威权命令他停止了。

倘若在有些家庭中，训练的事情特别需要儿童方面的合作，最好把这个问题提出来，让全家的人共同讨论。倘若儿童知道这种规则须家庭全体的人共同遵守，并且感觉到他自己是家庭的一分子，他就会很乐意和成人合作，共同遵守。

但家庭的会议无论怎样都不应变成互相辩论的聚集地。一个初中的校长，召集全体学生到他的面前，讨论他们团体组织的规矩和章程。在他们的章程末尾有这样的一段话："倘若对于任何事情发生异议，都不能有争辩。一切异议都须用公断的方法解决。"一个 12 岁的儿童立刻站起来说："请让我把这个章程带回去，念给我家里的人听。"显然他家里常有争执的事情。

倘若一件不重要的事即使不值得召集家庭会议，但亦最好和儿童商量一个妥善的办法。我们要记得，儿童在 10 岁至 12 岁之间，正走进自觉的年龄。他们在这个时候，亦差不多已经有自重的思想。有好些事对小的孩子并不发生任何影响，但很容易惹得那些年长的孩子生气。常有时，一个恼怒的孩子把他不高兴的事藏在心里，一直到父母问他。

一个 12 岁的男孩子，有一星期的工夫，每天来吃早点的时候，总是带着不快的样子。惩罚反使他更愁苦起来，最后得不到他的一点儿解释。于是他父亲就对他说："孩子，我知道有好些你不喜欢我的地方，我要请你告诉我。亦有好些我不喜欢你的地方，我亦要告诉你。这会使我们更互相了解，也许使我们更能明白怎样地合作。我不喜欢你的一件事，就是你这些日子吃早点时的样子太难看了。我每天到了办公室觉得极为烦乱，就是为了这事。"他儿子便回答说："好，我不喜欢你的一件事，是你每天早晨洗完澡，把澡盆弄得一塌糊涂，我至少用半个钟头来刷洗，才能下去洗澡。这是谁都会感觉不快的。"

倘若那个父亲拿了批评挑错的态度对他儿子说话，早就引起他儿子的反抗了。可是他父亲却用很客气的方法，和他作公平的谈话。他的态度很谦和直率，他说话的口吻，好像对一个和他同样大的成人讲话。在这个家里，现在他们一有点滴引起儿童烦恼的事，就立刻讲出来。但他们尽力避免谈论那些只使儿童引起别人注意的事情，因为那样便把互相会商的宗旨全丢失，亦不会促进家庭里的互相了解。

我们常听到这样的问题："我该怎样惩戒我的大孩子？""孩子们是不是真需要惩戒？"其实，10 岁以上的儿童，就很少用得着惩戒，可是他须对成人有相当的信任，亦肯给相当的合作，并且他亦知道他所应做的事情是什么，和他应有怎样的行为。对幼小的儿童，如果非到惩戒不可的时候，亦应该尽力使用自然的惩戒——就是用自己行为的结果做他的惩戒。最好使他先知道什么样的行为会产生什么样的结果。用以下这类的话告诉他："倘若你上学认真，你就可以在星期六出外吃野餐去。倘若你上学不认真，那就是你没有用功读书，你就得星期六留在家里，补你一星期中没有做好的功课。"这样，倘若他没有念书，只是在外面玩，或因看小说把他的工作没有做完，他就不能出来吃野餐去，这是根据极充足的理由预先和他讲好的。可是倘若你预先并没有任何申明，等他没有好好念书的时候，却来惩罚他，不让他吃野餐去，便是对他极不公平的处置。倘若他的功课不好，是因为身体上的器官缺陷，或低能的缘故，那就不能归咎于儿童自己，不应该用任何惩罚，且应给他同情和鼓励。

我们以前曾经说过：对儿童已经说了要使用惩罚，就应当切实地执行。对年长的孩子，自然亦不能例外。有一个14岁的孩子，父母对他说不许他晚上出去，除非他在下午5点至7点间把他的书念完（他家的晚饭在7点吃）。可是他每天下午都是玩到晚饭时候才回家，并且一吃完饭立刻又出去了。他家里的人，实在应当叫他吃完饭就留在家里预备功课，因为曾那样地对他吩咐过。他知道他晚上要出去，下午就须在家念书。他现在既然下午在外面玩，晚上就不能出去，他应当受他自己行为的制裁。这个儿童到了16岁的时候，完全没有法子管教了。只有合理而始终一致的训练才能使这个儿童和他的家人有一个快乐平安的生活。

我们都知道，不论年纪大小，我们做了什么事，就要收到什么结果——无论我们的动机是有意的，或是无意的。正在生长中的儿童们，应当渐渐从经验中认识这些道理。可是我们要记得，如果要让儿童受自然的惩罚——即他自己行为的结果——成人须十分地小心，因为有些行为的结果过于严重，恐孩子无法承担那种痛苦。

最要紧地，切勿让孩子听见你和家人及邻居谈论他的过错，因为这是对儿童残忍的惩罚。年长的孩子正开始发展他的社会意识，他的种种行为都愿获得别人的赞许。所以他如果听见你们私下谈论他的长短，他会立刻不安起来——这种经历对他而言是受不了的打击。

一个12岁的女孩子做了不小心的事，到她放学回来，听见母亲向邻人说："我女儿真是一个最无心的孩子。"从此以后，她一连做了许多不小心的事。她说："我那天站在那里半晌，觉着再不能信任依赖母亲了。以后，我也再不管自己有心无心了。"十一二岁的儿童，很容易产生这类态度。

对孩子亦不能嘲笑；但用温柔的态度和孩子互相戏弄，亦可给孩子不少的快乐。这类的玩耍，会增进儿童和成人间的合作。

对年长的孩子和对幼小的孩子，可用同样的方法免除许多管教的麻烦。在家庭里，关于孩子的训练不应有分歧的意见；母亲说可以，父亲说不可以。孩子究竟该听哪一个才算对呢？一个11岁的孩子说："爸爸说可以打架；妈妈说不可以打架。妈妈说看电影不算坏；爸爸说不应当看电影。哪一个合我的意见，我就听哪一个的话。"

"父亲说我们星期一动身。母亲说不行，我们须星期二动身，所以我们星期二去。"这是另一个孩子的话，很明显他对他的父亲没有充分的尊敬。

这样的冲突对任何年龄的儿童都会产生极不良的影响，尤其是对 8 岁至 12 岁的儿童，因为他正在建立自己行为的标准。

关于服从，还有好些其他的原则，已在第一章里详细讨论过。这些原则对年长的孩子可以同样适用。聪明的父母自能按他们所遇到的问题，根据本章所示的原则，采用适当的方法。概括来说：尽力给儿童自由选择的机会，让他受自己行为结果的制裁。不过有些行为，一旦选择失当，就会发生极严重的结果，在这些地方，父母便得小心护卫孩子了。

让你的孩子自己思索事物的道理。尊重他的意见；但要用你自己成熟的经验帮助他养成清楚的思想。记住：他要经过一个倔强自恃的时期，你应当预先给他准备；尽力避免不必要的冲突；凡事和他商量；如果已经发生冲突，就尽力找些有趣的事，调和你们的意见。如果儿童要做一件必须受警戒的事，就预先警告他，这样做会产生什么结果。

做你孩子的同伴和朋友。获得并保持他对于你的信任。帮助他养成合作的态度。让他感觉自己是家里一个重要的负责分子。最后，我们要认清教育儿童的目的：我们不仅是在教他做一个好孩子，我们更是在训练一个"人"，要他成为社会上的一个负责的公民。

第十四章　年长儿童的问题

近代关于儿童的种种讨论，最常提起的一个问题是：孩子每天的时间，应当怎样支配。给孩子计划他每天的生活日程，最要紧的是给他划出一部分自由的时间。除非你给孩子很多的时间去自由活动，否则他就永学不会独立创造的本领。每年有无数的孩子被带到儿童心理诊察所，去诊察他们好生气、神经过敏的种种毛病。我们有时生活十分紧迫，一件事完了又是一件，简直连呼吸的空儿都很短促，这种苦滋味，大概谁都尝过。孩子遇了这样的情形，和我们有同样的感觉。

一个 12 岁的女孩似乎很容易生气，也不听话。她每天的生活是这样的：早晨 7 点至 7 点 45 分，练习音乐，接着便吃早饭，并温习功课 15 分钟，然后就上学去，一直到下午 3 点才回家，每天在她的功课以外，她还要跳舞、演说、喜剧、聚会等。星期六下午，本来她有些自由时间，她家里又给她添上研究自然的功课。她总是处在这样紧迫的生活压迫之下，无怪乎她好生气和暴躁。

我们必须记着：儿童在青春的初期，有好些生理上的变化，使他不能用全力去读书。儿童的肌肉组织，在这个时候有显著的变化。这种变化有时使儿童的动作笨拙不灵，因此养成好些不文雅的习惯，不但令他自己烦恼，亦使父母感觉不快。搔摸头发、玩弄纽扣、咬指甲等，差不多都是这个时候养成的不好习惯。

儿童在这个时期，嘲笑只能给他苦恼。一个 12 岁的男孩，忽然长高了几寸，所以行动十分不灵活。一天，他父母亲正与客人在屋里吃茶，他从外面走进来，被门槛拌倒，在地毯上滑了几尺远。于是客人和他的母亲便大笑不止，并不住地嘲弄他。从此以后，他永远不进有客人的屋子。他不愿再遇见这种痛苦的经验了。儿童动作越笨拙，越受不起别人的嘲弄，他的生活越紧张。儿童在快速生长的时候，生长本身所产生的紧张和烦恼，已经够他忍受的了。

除了儿童行动笨拙以外，还有好些事，父母亲应当时时留心观察。此时儿童的食欲，亦任性无常。他极好贪吃许多糖果零食，反而拒绝应该吃的食物。他亦会常显出疲倦的状态。

因为这个时期儿童极易疲倦，他须多点休息时间，自然仍须多给他自由时间。不但晚上让他有充分的睡眠，午后亦须给他时间休息。

他放学归来，须给他休息，或户外的消遣。初中的学生喜欢做团体的运动，所以儿童在这个时期的消遣，亦须有许多团体的游戏或运动。儿童亦需要社交的生活；团体运动或含有游戏的社交生活，比看戏、看电影、跳舞、开茶会等社交要好得多。在团体游戏中儿童所获得的经验，比在任何其他消遣活动中所得到的要多。合作精神是组成家庭的要素，亦是团体依凭的力量所在，如肯为全体牺牲自己，肯尽自己的本分，肯不去显露自己而让团体成功，这都是一个儿童应该养成的终身品格。

关于女孩的一个特别问题是饮食和运动。玛丽从学校里回来，一进门把书包掷在一旁，赶快躺在那最软最舒服的沙发上。"呀，我累死了！"这是她头一句话。她母亲很有些恼愤地答道："你如果吃饱，常使身体活泼，就不会累了。你早餐只吃一片面包、一点儿橘子水；午饭在学校里，谁又知道你只吃一些什么东西？"

倘若这不是十来岁儿童在家里常有的问题，我们亦就没有提出来讨论的必要；可是事实上，这是青春期普遍的问题。近代时髦的妇女，很多迷恋玲珑、细瘦的身体，于是那些刚入青春期的女孩子们，往往尽力减少食量，为的是使身体好看而合时尚。许多少女夏令营的领袖、中学的管理层或护士，都熟悉这类的问题。少女们时常要称一称她们身体的重量；如果稍增了几磅，就感觉不快活。她们并不知道体重减轻，并没有什么美好可言哩。

青春期的女子差不多都很挑食；不但要选择食物，且食量不定。有时候吃得很多，有时候却吃得极少，甚或一口不吃。不过在这些地方，父母倒不可过虑。她们吃得少，有时固然因为身体发育上的要求，但有时亦是故意撒娇。我们知道儿童们常要惹别人的注意，如果用挑食的方法能达到目的，他们就要挑食了。

处在身体发育期的儿童虽食量如常，但有时仍会身体消瘦。不过，真正食量不足的消瘦，往往会发生好些不良的结果。疲倦的儿童，对寒冷和疾病传染，没有充足的抵抗力，而且那种不健康的容貌，会使她丢失了不少青春的美丽，因为健康本身就是美丽。

身体正在发育的儿童，须有充足的营养。营养分配平均的食物，会使儿童的体格有健全的发展，这和在学校里选择课程一样重要。定期的身体检查，听医生的嘱咐，预备饮食的重要性，不亚于在选择终身职业时咨询职业指导专家，实际上还要重要些，因为不论从事任何事业，非得有健全的身体不可。

过度的刺激，应当尽力免除。屡屡地听无线电、看电影或时时处在活动状态，会给儿童以过度的刺激。每个正在发育的儿童，应当有充分的休息和思考的工夫，尤其是食欲不好的儿童，更应当在饭前与饭后多多休息。

有规律的户外运动，对儿童非常有益。一个女孩子回来说，她在外面已经玩了3个小时的篮球；她是在毁灭她将来对身体上疾病的抵抗力。儿童们如果每天做过度的运动，在他们的身体上，不能不发生有害的结果。

父母们要好好地看护儿童，至少要使儿童做到3件事情：按一定的时候睡眠、休息、练习身体；吃营养合宜的食物；打破那"体瘦为美"的坏观念。

关于儿童的发育方面，还有其他的问题。儿童的某些发育是开始于12岁，一直持续到入大学之后。这种发育伴随着情绪上的变化。他们极易受刺激。在学校里得一个好分数，会使他们立刻喜跃欢腾。反之，一些小小的批评，会使他们烦恼得寝食不安。儿童在他们消遣娱乐的实施上，容易陷于喜怒失常。倘若他们已打算要做某种娱乐又忽然不能实现，他们会立刻失望，苦恼不止。

年长的儿童极好合群的生活，对他自己群里或团体里的事颇为热心。他亦极容易受他所爱慕的人物的感动。父母对儿童所热心的事，亦应当表示关切；这样，更可获得他对你的信任。倘若这个时期，你常表示很关心他的事，他以后一生中，会不论事情的大小，都要一一告诉你，或向你请教。一件事在你看来，亦许是太不值得注意；但在儿童看来，却是件大事。有时甚至在他不整洁、不规矩或说不好听的话的时候，你仍要表示很关心他，在照常地爱护他。

十一二岁的孩子，正在爱结交伙伴的时期，他极需要和他同年的孩子做游伴，有时，这些游伴是父母们不喜欢与他们孩子为伍的儿童，但那是儿童成长中自然的需要，父母不应干涉。

父母是儿童的伙伴。在一些事情上，父母不要表示他们的威权，因为儿童对他的团体信仰极大。他觉着他的团体，比任何成人知道的事情要多。前些时候，一个儿童心理学专家讲到父子关系，他说 10 岁的儿子觉着父亲是神圣、至上的威权；12 岁时，儿子渐渐想，还是他的同伴比父亲知道的事情多；14 岁时，儿子所知道的超过父亲的一切知识；18 岁时，父亲又渐渐恢复了他原有的地位；到儿子要入社会做事的时候，他差不多绝对地相信他父亲老练的经验是他最好的指导。

儿童极喜欢别人对他的嘉奖，极不喜欢任何的嘲笑、粗暴的待遇或他们认为"不公平"的事情。下面是儿童们最不喜欢的事，亦是他们自己说出来的："没有笑，太多的责骂，嘲笑，疼痛的击打，不理睬，存毒心，讽刺，严厉，存疑心，威吓，不履行应许，不公的惩罚。"以下是他们喜欢的事情："好的理想，战胜环境的鼓励，自信心，好的指导，做伟人成大事的野心，因此人生有了目的，有了宗旨。"其次是"一点儿夸奖，被人了解，信任，温柔，亲切的同情和关心，在功课上的特别帮忙。"①

得到儿童的信任，并保持着这种信任，是父母在儿童的健康发展上最大的贡献。要获得儿童的信任，第一要紧的事，前面已经说过，就是要听他告诉你的一切事情，无论你认为那件事情怎样琐碎，你亦得表示你是在关心他，愿尽力帮忙。第二件要紧的事是：倘若他告诉你一件事，要你保守秘密，你千万不要告诉别人。他必须确实地知道他可以信任你，好像你能信任别人一样。

一个 12 岁的男孩子，编了一个戏剧，他自己觉着那是一篇极好的作品。他编完这个剧的时候，计划和他的 3 个小朋友表演，并且要卖票。他告诉他的母亲先替他保守秘密。他的母亲亦觉着他的计划很有兴趣，可是她读那个剧的时候，发现里面有好些没有道理的语句。12 岁的儿童写的东西，这种不通的地方是自然免不掉的。她觉着那些语句太好玩了，一天下午，她便念给两个朋友听。于是他们 3 人对这个孩子的那些可笑词句，便大笑特笑起来。不幸的是这孩子在她们念的时候，正走回家来，所以她们的一切批评和嘲笑，他都一一听见了。从那天以后，他便再不相信他的母亲了。像这类的例子，我们还可以找出好些来。

静儿 12 岁时遭遇到一件恋爱的事。本来这样的事，至少应当发生在 3 年以后。如果以合理的态度对待她，她的这种行为本来可以不久就过去，可是她母

---

① Hall, G. S. ,*Youth*. Oxford, England: Appleton, 1906.

亲竟拿这件事当作最好玩的笑话，把静儿偷告诉她的许多事，都告诉了自己的朋友，她亦告诉静儿的父亲和那男孩子的母亲。于是这两个孩子都十二分地羞恼。现在静儿已经15岁了，她母亲很奇怪为什么静儿总不信任她，不来告诉她种种的事情。

萨姆（Sam）[①]放学回家，告诉他母亲，学校里有某一个儿童考试夹带小抄。萨姆告诉她不要告诉别人，可是她竟立刻到学校里，把这件事情告知校长，于是校长把那个孩子惩罚了。全班的学生都因此闹得极不愉快。不要说，她的孩子永不会再告诉她那些要保守秘密的事了。

你的孩子不愿告诉别人的事，你应当绝对地替他保守秘密，这样才可能得到他的信任。你应当告诉他一些自己的私事，让他亦和你一同保守秘密。让他觉得，你和他是格外的亲密，因为你们是父母子女的关系。不要批评他的朋友，更不要多批评他，以免他失掉自信心，不敢再交朋友。帮助他认清他的朋友，但你须十分圆熟，不让他看出你是在干涉他的交友。记住，这不是一下子能做到的事，也许得花几个月甚至几年的工夫。倘若他已有好的训练，并肯告诉你他的事情，你就无须害怕了。倘若他所受的好影响很多，很长久，亦很有力，那不良的影响就绝不会侵入他的生活。倘若你的孩子已经有十来年的训练，倘若他对你讲述他的种种事情和苦恼，他纵然和那些你不喜欢的儿童接近，亦不致受他们的影响。

自然，除以上问题以外，还有些其他关于年长儿童的问题。不过在本章和前一章还有"关于用钱"一章里所讨论的，是父母们经常感到困难的问题。大概其他问题之中，最严重的要算儿童的性教育了。格伦伯格（Gruenberg）和爱德生（Edson）对这个问题都有很详细的讨论，这里不再赘述了。

在父母和儿童的每一个问题中，父母要好好记着，教养儿童最要紧的问题是父母要爱他们的孩子，信任他们的孩子；同样，儿童亦要爱他的父母，信任他的父母。倘若真有这样的情形，并且家庭间的生活亦极有秩序，孩子亦觉得他所处的是很健全的家庭环境，那你就丝毫不必忧虑，你的孩子终必会获得每个父母愿自己孩子获得的健全品格。

[①] 原文为"桑姆"，今译作"萨姆"。——编者注

第十五章　现代的父母

　　古今中外，父母们对他们的子女，总是满怀着美好的期盼和虔诚的奉献。在历代人类文学的作品里和民间流传的故事中，可以找到无数的描写父母为子女牺牲或赞扬父母之爱的文章与议论。现代的教育把一个人一切人格上的缺陷和行为的失常，都归之于父母的责任，这会使今天的父母产生几许的不安定、神经过敏、惶乱与不知所措的心情。

　　这都不是从容的心理状态。即使父母的问题愈来愈复杂，即使父母了解自己和儿童的要求愈来愈迫切，但亦应当保持坦然镇静，仍应当像50年前的父母一样，以合理的手段，勇敢地去应对问题。

　　生活本身是一件很复杂的事。不过从大体说来，一个人在现代社会里，还不难应付他的生活，因为利用机械可以省好些人力，而人类对于日常生活中的种种知识，亦日渐精密。父母的问题却愈趋复杂，因为儿童和父母所遇的问题，比以前任何时代都要繁多。这种复杂的问题能否解决，自然和别的问题一样，要视父母具有的实际知识之多少而定。

　　许多学者的研究，给了父母们一些关于儿童心理的可靠知识。假若读了那些有研究根据的著作，仍会产生不镇静、惶乱、迷离、神经过敏的心理状态，那就说明整个父母教育已趋于失败。儿童发展和儿童的行为知识，不应当使父母再有惊骇，这样的知识应当能清除父母的惊骇

　　才是。这样的知识使父母对他的孩子将要经历的时期，先有准备，并教父母以适当的方法，去应对儿童各种时期的问题。例如，倘若你已经知道孩子在4岁至6岁之间，要常常讲好些荒谬的故事；你亦知道这完全是他想象强烈的缘故，并非有天生说谎的倾向；此外，你还知道用什么方法可使他的这种想象得到正当的发展，这样，在你应对儿童的种种行为的时候，你会感觉到多么镇静，多么有把握！如果你已经知道了可以应用的一般原则，你就会觉着训练孩子是件很容易的事，同时还可以培养他独立创造的精神和责任心。

许多父母们担心他们的孩子受环境里种种不良的影响。他们像初次登台的演员一样惶乱、心怯，不清楚他们对于儿童的行为所说过的话，或做过的事，究竟会发生什么样的结果，因此很是焦急。父母们存在这样的态度，绝不会在孩子身上找见快乐，孩子亦不会在父母身上感到乐趣。孩子所做的事是有意识而富于趣味的，不过父母们自己犯一两次的错误，还不至于阻碍了孩子的发展。如果儿童有很多合适的活动，父母们的错误纵然再多一点，亦不会对他们发生很大的影响。倘若父母真心要想出一个大家合作的计划来，以谋求全家的幸福，倘若他们的态度能容许儿童的天才在不损及家庭幸福的范围之内尽量发展，倘若孩子知道他的父母是一心爱着他，那么，父母可能有过的无心的错误，是不会发生大的不良影响的。父母应当给儿童许多合适的活动，这样，他会相信你优越的成熟经验，而对你发生敬爱和服从的心理。

　　儿童是和我们一样的人类。他们对诚实、公平、高尚的爱情，和成人有一样的反应。他们对于他们应做的工作，会负责地去做；因此，他们会有自重之心。他们会和成人一样地感觉出他们所受的训练是不是公正的；他们亦会按他们的感觉，对他们所受的训练，作相应的应对。

　　父母和子女之间，无论怎样地彼此相爱，抑或有失和的时候。失和的原因必须寻找出来。儿童应当学习怎样避免这种使感情紧张的事，他亦必须学习用什么方法，可以像成人那样应对这种事情。生活对于儿童和对成人有同样的意义，就是"与别人和睦相处。"你和孩子必须能互相适应。在家里太谦让他，反把他弄坏，使他出了家庭，不能再去适应别人。强迫他做许多无理的服从，会使他发生蔑视或憎恶长者的态度；不然，就是养成他无抵抗的态度，甘愿向任何强者屈服。一个父亲说："我要我的儿子像奴隶般地服从我。"那他大概是在训练他的儿子做奴隶呢。

　　我们必须记得：每个儿童都是一个有人格的人，他会像成人那样做些有益于人的贡献。不过我们要知道，倘若要使他真能做些有益于人的贡献，他必须先学习怎样和别人合作，怎样适应别人。亦应当知道，你虽然已经做了父母，虽然有较丰富的经验，你判断是非会容易一些，但有时儿童或站在对的方面。倘若你发现他是在对的方面，你就当尊重并采纳他的意见，他便对你更加敬爱了。亦应当持这样开放的态度：因为你的经验丰富，你可给儿童以判断行为的标准，但你和你孩子的这种行为标准，都须随社会的情形而变更。他对你须有完全的信任，像一个小姑娘看见了一只死鸟，便拿起来说："我爸爸会收拾它的。"这样的信任心，使父母在和孩子接触的时候，心里感觉无限地泰然自信。应当使孩子终身持续他对你的尊敬与忠心，因此你对待他的态度须处处公平，你和他有彼此信任之心。你须知道，父母在孩子眼中，是世界上最奇妙、最聪明、最有能力的人。孩子对父母的这种态度是不是永远不变的，就要看父母自己的作为了。

父母是世界上最伟大的教育者。没有任何其他施行教育的人，能像父母那样长久地和孩子接触。一个儿童在入学之前，是家庭里的孩子；但在他入学之后，甚至离了学校好久以后，他还是家里的孩子。正因为父母对孩子有重大的责任，所以他们有权去请求学校和社会的合作，以谋求孩子美满的发展。

一个儿童在出生后的 6 年里，受了正当的教养，到他入学之后，会对他的学习处处感到有兴趣，极愿尝试各种正当的新经验。他有尊敬师长的好态度；他在各种合理的计划上表示合作的精神；他身体健康上的一切习惯都已完全养成，可以专心致力于获得学校里给他的各种新经验。学校应当聘请熟习儿童心理的教员，用良好的方法尽力鼓励儿童学习的热忱。常有人说，做良好父母的必要条件，亦就是做好教员的必要条件。那就是说，一个良好的教员，须像良好的父母那样能爱护和善导儿童——在儿童的学习上能循循善诱，是很要紧的；但发展儿童的品格和人格，更为紧要。

学校给儿童的教材和经验，应当和儿童在家庭里的经验有密切的关系。除非两种学习间的关系弄得清楚，否则这两种学习就没有互相转移的可能。学校给儿童的经验，应当是能扩充、巩固儿童在家庭所得的经验。一方有失败的时候；另一方就当予以辅救的合作。小约翰在家里是一个极好的孩子，但在学校里却吵闹、生气，时时骚动不安。他母亲到学校，看见教员让他死板地坐在那里，并告诉他说不要乱动。原来约翰是一个极好动的儿童，好些时候只能静止一会儿。他忙的时候，永不会"恶作剧"。他非常聪明，学习极快。他的教员常这样地嫌他："他做事很快，但有点儿太快，他应当学习慢些做事。"今日受过良好训练的教员，自然很少这样处理事情，万一发生了这类的事，学校和家庭应当好好合作，问题自不难解决。学校和家庭应当互相扶助，父母永不应当在儿童面前批评教员、校长或学校的任何职员，这和他们不应当在儿童面前批评父母是一样的。

儿童在家庭里应当有"公平"的感觉，亦要使他在学校和家庭关系上，有这样的感觉。

父母常常感觉烦恼的事，是孩子从学校里回来的时候，表现出好些他们不赞成的行为和习惯。父母们对于儿童的这种行为，须持忍耐的态度。儿童在学校里学习好多习惯，自然地亦会学习父母们不以为然的习惯。这不是课堂的结果，多半是因为和其他儿童接触的缘故，因为那些儿童的家庭另有不同的行为标准。不过，倘若这些行为引不起儿童的兴奋，不久会自然消失。

有时儿童们回家来，学会了俚语骂人的话、粗俗的字句等，甚至他回来的时候，做好些父母不喜欢的事情。一个7岁的儿童，看见他所羡慕的一个大儿童，每咬一口汉堡包便做一个鬼脸，于是这个儿童亦那样地学他，长达一个星期的工夫。之后，他对那个大儿童的羡慕已转变，因此模仿行为亦停止了。一个8岁的女孩回家来，说的"A"音特别长，这是从她的教员学的。这和她平素所说的语音完全不合。可是她的父母很聪明，没去有意关注她，于是她亦不再用那个字音了。还有一个儿童回家来，说了些无礼貌的语句，这是他在学校里听到一个大孩子对看他的父母说的。可是他的父母就不像上面那两家的父母一样置之不理，而是觉着应当教育一下他们的孩子，不要让他忘了家规。自然，他们是很对的。父亲对这个孩子说："倘若你要那样对我说话，我就不回答你。我们家庭的规矩，是不准那样说话的。我亦不会用那种声调或那些字眼对你讲话的。你要那样对我说话，我是绝对不回应的。"

有好些时候应当这样应对，对付用俚语、逞能、说大话、做鬼脸、调皮等的行为，唯一的方法就是不理，除非他们那样做得太多，有养成习惯的危险。对无礼貌和坏的习惯，便不能置之不理，须以极委婉的方法，提醒孩子遵守他素来所习惯的规矩。倘若你对于儿童所做的事兴奋起来，那又是鼓励着他做兴奋事的原因。无论多大的儿童，会觉着这是件乐事，甚至用惩罚都不能令他停止。

邻居的影响亦会使儿童做父母们无法预测或烦恼的事情。我们当明白，关于行为的标准，一家和一家不同。东城和西城不同；这城和那城不同；这省和那省不同——总之，行为的标准不是永久一致的，乃是随时随地而变化的。你所希望于你孩子的，未必是隔壁邻居所希望于他们孩子的。倘若你给儿童的行为标准，是根据合理的思想，是真正为儿童和全家幸福考虑的，那你就不要做无谓的忧虑，怕儿童弃掉你给他的标准。倘若那些标准不过是些狂想怪念，或个人私心的结果，那我们就不能不怀疑它们。

礼让的标准，是很好的例子，证明这个团体和那个团体的标准不同。在可能的范围之内，最好不要让儿童有悬虑的心情。可是社会说，一个儿童到外面的时候，须穿得整齐；所以要让儿童清楚，在家里不穿衣服和在外面不穿衣服是有分别的；要告诉他说，这不是礼貌不礼貌的问题，这是社会的风俗。

一个母亲从窗户上，看着她两岁的孩子在街上散步。她没有给他穿一点儿衣裳。他正脱完衣裳的时候，就决定要出去散步。他走过半段马路，就遇了很多邻人，给他不同的反应：有两三家是新式的家庭，他们笑得不亦乐乎，但不让这个孩子看见他们笑；有几家便批评，说这个小孩太粗野；有几个极端守旧的家庭，起了极大的反感，觉着他们的邻居太坏了。幸亏这些不同的行为标准所引发的反应没有被这个孩子知晓。我们提出这些例子，是要指明甚至在同一街上，就有这些不同的看法。

儿童到七八岁的时候，他就会遇到这些不同的行为标准。父母应当告诉他，各家所做的事是互不相同的。如果儿童疑惑他所受的教导，父母不要就因此觉着他们的训练已失败了。因为每个人长到这样的年龄，都会这样的。他和行为标准不同的各种团体接近，他自然要拿那些不同的标准来判断他自己的标准。我们亦曾经说过，倘若给他的行为标准，是根据合理的原则，不是父母的狂想怪念，或怪性僻的结果，他就纵然有一个短时期怀疑那些标准，最后确定会接受它们的。

训练儿童是一件持续不断的工作。你不能在他们出生的第一年里就给了他们思想和态度和各种习惯，便离开他们说："这个工作已尽，我不必再麻烦了。"儿童6岁之前就应当立下好行为的根基；但他长大的时候，对于每个行为的意义，父母须给他予以不同的解释。那就是说，他对于行为的标准，需要成熟的解释。他长大的时候，亦许会因他看法的不同，将你给他的标准，略为改变。因为两岁时所喜欢的事，到6岁时未必喜欢；能通用于6岁时的标准，到12岁未必适用。成人对于好坏的看法，不能和儿童一样。儿童的理想逐渐改变，应当是我们意料之中的事，这和成人的理想随他经验成熟的程度而改变，是一样的。

父母应当从最初就了解，儿童不是用模型制造出来的。你可以给他立下行为标准。儿童渐渐长大，他的行为亦会逐渐改变，你须给他深一些的解释，对他用略为不同的态度。你可以把你所有的好经验，把你最合理的人生哲学统统传给他，但最终，他还须按他自己的模型发展。只要他是一个普通健全的孩子，他就不会和你给他的模型完全契合。

从一个家里随便选出 10 个人来，没有两个人的行为会完全相同——为什么会这样呢？心理学研究结果发现人的个体差异极广——把两个儿童放在同样的环境里，他们绝不会有同样的反应。约翰从小个性就强，要他服从，非得先和他商量不可；萨姆就立刻服从父母的命令，因为他对父母有绝对的信任，他们告诉他什么，他就乐意去做，绝不疑惑；静儿却是那样的固执，甚至要她做一些极普通的服从，也须费很大的周折。

幸而世界上没有所谓"完美"的儿童，因为在甲家看为完美的事，也许是乙家看作不堪容忍的事。我们曾经说过，儿童是人类；成人亦是人类。父母的责任，不是要创造一个完美的孩子，乃是要给孩子以最合理而能使用的行为标准，并尽力给他有益的经验，使他能顺着他的才能，并按他自己的模型发展，只要他的模型不致使他走入歧途。

父母们必须记着，你所听到别人批评你孩子的话，并没有新的意义在里面。自古以来，小辈就是长辈批评的目标。远在 17 世纪之初，我们已看到这类的记载，一个士绅之流，曾这样写信给他的朋友说："我真不能了解这个新时代的青年们，他们穿了不堪入目的短裙，外出野游，辄至深夜始归。"其实，他所指的短裙，亦不过是离地几寸而已；他所指的深夜，又不过是晚八九时以后。开掘埃及的古墓，亦发现一些文献，记载着西历纪元前几千年的时候，就有人那样地批评青年。阿克纳顿（Aknaton）亦写了批评他那时代的青年们的话，他说："倘若这一代人们还意识不到他们已误入歧途，人类的文化便将灭亡了。"

人类的天性就好批评他们的环境，特别好批评他们所接近的人。父母和儿童，都逃不出这个定律。有些父母在别的父母面前，因他们的孩子不照着自己的意思做事，就感觉不安。这样的父母可以拿这样的事实安慰他们自己：家家的孩子都是这样，每个父母和你对自己的孩子都有一样的感觉。没有一个孩子的行为是完美的。

倘若父母的原则是合理的，他所立的榜样是良好的；倘若他对孩子常能持亲爱和了解的态度；倘若他真以孩子和全家的幸福作为他努力的目标；他就不必因孩子的行为有一点儿改变而忧虑；他亦不必怕那些和孩子来往的人对孩子有什么影响；他更不必过虑每个孩子长大时会改变他们行为的标准，因为每代的人类都是这样的。

今日父母的工作是十分复杂的，因此，教养孩子便成了更兴奋有趣的一件事。当父母们感觉到（今日的父母们亦大半会这样感觉到）每个孩子有他的个性，每个孩子不是由父母失误的方法，而是以聪明的指导和合理的训练，始能获得美满的发展——当他这样感觉的时候，他和孩子的每个接触就有了真实的意义。一个抱着两岁孩子的青年母亲，某次对著者说道："我以前会那样想，要叫小约翰收拾起他的玩具，学习一些桌上的礼仪，或好好情愿地听话，真是件苦事。可是现在，我觉着那完全是一件愉快工作，因为我明白他一切动作的意义。"唯有现代父母的这种态度，才能使父母和所教养的儿童，减少许多人格上的困难，造成他们更丰满而更快乐的人生。

附录：父母资格之测量

陈征帆

普天下当父母的人，真不啻恒河沙数；然而真正具有当父母之资格，而无忝于父母之名称者究有几人，则恐怕只有"天晓得"吧。

在当父母的这件艺术上，我们是专家呢？庸夫呢？或者，门外汉呢？我们是优等的父母么？中材的父母么？或者，不及格的父母么？

这里，谨根据现代学者的研究结果，提出二十个关于父母的切身问题，要求为父母的人们兴以严重的注意，周密的思考，然后各人再按照自己的意见，提出在自己认为适当的答案。

今姑假定：答对一题者得五分，得七十分者为及格的父母，得八十分者为中材的父母，得九十分者为优等的父母，其得分在七十分以下者，为不及格的父母。

获得一百分者，当然可以成为最优等的父母了；然而在现代的世界——尤其在现代的中国，像这种最优等的父母，正如晨星之寥寥可数哩。

朋友，试问你是一位及格的父亲呢？还是一位不及格的父亲？你是一位中材的母亲呢，还是一位优等的母亲？

在下面所提出每个问题之后，都列有A、B、C、D四种悬疑的答案，你可以用符号"×"表明其中的一个，作为你个人选定的答案（虽然有些问题的诸悬疑答案，会使得你徘徊却顾，难定去取，但终须择一在你认为最惬意者作为答案，以归一律）。待所列问题都答完了，再对照那比较正确的答案（见本文末尾），看看自己究竟答对了几问，能够考得几分。

你自己试过以后，可再喊朋友们来试试，比较各人的父母资格为何如。此中差殊，甚足惊诧，且使人感觉有趣——这对于教养儿童的教师，也能够与以极大的帮助。

一切尚未当父母，而预备着要当父母的青年男女们，也应该拿下面的二十个问题，来测量测量自己的父母资格。若是还不够资格的话，恕我说一句狂妄的话，他们和她们就应该延迟结婚的日期，先去补习些父母教育，等懂得一些教养儿童的艺术了，然后才可以养儿女哩。不会教书，就不应该教书，以免贻误他人的子女；不会当父母，就不应该当父母，以免贻误自己的子女。——那不是很自然而明显的道理么？

答法的举例：

序号	题目	选项	选择
1	小孩子若在墙壁上胡乱涂写，你就应该：	A. 责罚他	
		B. 没收他的涂写物	
		C. 给他一张纸头，让他在纸头上涂写	×
		D. 想他下次不会再做，不去追究他	

在上列问题的四个悬疑答案中，倘若你认为 C 是正确的答案，就可以在 C 旁画一"×"记号，以作识别。

量表如下：

序号	题目	选项	选择
1	教养儿童的责任，应该由谁担任呢？	A. "养不教，父之过"，教养儿童是父亲的责任	
		B. "男主外，女主内"，教养儿童是母亲的责任	
		C. 教养儿童是很容易而不关紧要的事，就让奶妈子、娘姨等全权代理吧	
		D. 教养儿童的重大责任，应该由父亲与母亲共同担任的	
2	教养儿童之标准的方程式，便是：	A. "棒打出孝子"，"不打不成器"	
		B. "天下无不是的父母"，儿童应该绝对地服从父母，不许作声的	
		C. 教养儿童没有固定的方程式，为父母者惟当虚心研究，因势利导，随机应变	
		D. 让儿童绝对自由，爱怎样便怎样	
3	关于儿童训练的问题：	A. 父亲应该服从母亲的指挥，执行母亲的命令	
		B. 当母亲训练儿童的时候，父亲应袖手旁观，采取不干涉政策	
		C. 当父亲刑罚儿童的时候，母亲应该从旁遮护，以慈济严	
		D. 父母二人应共同讨论，互相商量，然后把一致的意见告诉给儿童知道	

续表

序号	题目	选项	选择
4	父母之训练儿童,应该本乎:	A. 先天的本能	
		B. 祖老太爷与祖老太太的老方法	
		C. 社会的习俗与邻居的意见	
		D. 对于儿童之生理的与心理的研究	
5	父母之训练儿童,应该开始于:	A. 儿童到两岁大的时候	
		B. 儿童刚生下来的时候	
		C. 男孩子到五岁,女孩子到十岁的时候	
		D. 男女儿童到十岁的时候	
6	你应该将自己的儿童,训练成:	A. 一个英雄或伟人,受万人的尊敬膜拜	
		B. 一个安分守己的良民,关起大门过日子	
		C. 一个典型的孝子或孝女,为父母个人牺牲一切	
		D. 一个健全的勇敢的公民,为国家而奋斗,为民族而奋斗,为人类而奋斗	
7	关于儿童的每日生活:	A. 父母应该规定出一个十分详细的日程表,一分钟一秒钟都不轻易放过,教儿童遵照着实行	
		B. 在一定的刻板生活之外,要留出相当的时间,让儿童可以作自由的活动	
		C. 儿童更应该随时准备着,听父母的呼唤,命之东则东,命之西则西	
		D. 不要规定日常作业,让儿童绝对自由得了	
8	一岁以内的婴儿,啼哭时,父母就应该:	A. 当父母读书,作工,或睡觉的时候,应该禁止他哭	
		B. 随他的便,让他尽量地哭下去	
		C. 只要听见他哭了,就立刻喂他吃东西	
		D. 要研究他所以哭的原因,除去那原因,若查不出有什么原因,仅是出于要挟成人注意的动机,就让他哭下去吧	
9	三岁以内的孩子,若是惧怕黑暗,父母就应该:	A. 听凭着,不去管他	
		B. 利用黑暗,当作刑罚他的有效工具	
		C. 时常在黑暗中教他玩耍	
		D. 叫娘姨时常陪伴他,勿使他独个儿在黑暗里	
10	儿童若是逃学,父母应该:	A. 狠狠地鞭打他	
		B. 奖励他这种独立不羁的精神	
		C. 调查他在学校中的各种活动状况,然后表示态度	
		D. 立刻更换学校	
11	对于一个倔强的儿童,父母应该:	A. 教他自制	
		B. 强迫他服从大人的主张	
		C. 严厉地斥责他	
		D. 让他有更多的出路,抒发其剩余精力	

续表

序号	题目	选项	选择
12	当儿童发怪脾气的时候，父母应该：	A. 离开他 B. 和他讲理 C. 打他，骂他 D. 依从他的意见，快给他以所要求的东西	
13	当儿童反抗父母的时候，父母应该：	A. 狠狠地打他 B. 随他的便 C. 宣布儿童为"逆子""畜生"，在一切认识的人面前，凌辱他 D. 研究儿童所以反抗的原因及其心理，然后做适宜的处置——也许儿童的反抗是合理的，是正当的	
14	关于儿童在家庭中的工作：	A. 父母应该予以金钱的报酬，不做工没有钱花 B. 父母不可叫娇滴滴的儿童作工 C. 儿童的工作项目（无金钱之报酬），应标明在儿童的每日生活程序表中，那是依照着儿童的年龄与能力而规定的 D. 只有女孩子应该在家庭中作工，至于男孩子则应该是准备着，将来到外面去作工赚钱的	
15	关于发展儿童的人生趣味，父母应该：	A. 把各种的娱乐品，一一介绍给儿童 B. 以金钱鼓励儿童养成搜集邮票、画片、鸟蛋等的嗜好 C. 自身养成高尚的人生趣味，以此而唤起、树立儿童的人生趣味 D. 不许儿童浪费精力于鸡犬狗马之事，要叫他干正事	
16	关于养成儿童的读书习惯，父母应该：	A. 把成批成套的新书，买进家里来 B. 对于儿童的读物，一一加以严厉的检查，不许他阅读没有价值的书 C. 自身养成读好书的习惯，常把书中有趣的材料，提出来与儿童共同讨论 D. 阻止儿童读书，因为儿童是应该把全部的时间，消磨于户外生活的	
17	关于儿童的将来职业问题：	A. 父母应该叫儿童克绍箕裘，继续先人的旧业 B. 待儿童到了青年时期，邀请一位专家来代他解决就得了 C. 听凭自然的推移，"船到桥头自然直"，无需父母担心 D. 鼓励儿童养成多方面的趣味，带着儿童，在可能的范围以内，参观各种职业的进行状况	
18	关于儿童的交友问题，父母应该：	A. 采取放任政策 B. 加以严格的限制 C. 自儿童极小的时候，就养成他爱交友的习惯，以家庭的良好势力，保障他的将来 D. 把儿童所有的一切朋友，都喊家里来，由父母逐一检查，加以选择	

续表

序号	题目	选项	选择
19	女孩子若喜欢晚间外出，跟男孩子游玩，父母就应该：	A. 常邀请男女孩子，到家里来玩 B. 鼓励她出去 C. 绝对禁止她夜出 D. 只许她跟女孩子在一起玩	
20	儿童应该把他的父母看为：	A. 神圣尊敬的帝王 B. 赏罚是非的法官 C. 昊天罔极的恩主 D. 亲爱的顾问与朋友	
	比较正确的答案		
1—D	2—C	3—D	4—D	5—B
6—D	7—B	8—D	9—C	10—C
11—D	12—A	13—D	14—C	15—C
16—C	17—D	18—C	19—A	20—D

第二编 论文选编

心理学与教育[1][2]

心理学基本上是心理过程的科学。迄今还不足以称为一门科学的教育，所从事研究的则是教学，即是如何改善儿童的学习和所谓"教养"，即心理品质的发展。因而，心理学是教育的基础；或者如詹姆斯·密勒在他的名著《论教育》一书（1818）中所说的，"全部人性的科学不过是教育科学的一个分支。在人类心理科学的进步没有达到最高峰之前，教育是不能具有最完善形式的。"

就教育而论，心理学的任务在于发现支配儿童发展的规律，特别是学习过程的规律，并以此去协助教师和父母们发展在他们关怀下的儿童的能力和品质。然而对这个国家（指英国——译者，以下同）的教育心理学即使只作一最粗略的审查，即可看出这一任务并不是它今天的主要目标。虽然也进行一些关于学习过程的研究，但目前的教育心理学主要集中注意的，不是把学习过程看作为活动过程去揭示支配它们的规律，而是用一种心理测验的肤浅方法去测量和分类不同的心理"能力"。这种研究方法并不打算去解释某一心理能力是怎样发展起来的。它好像仅打算对这种能力在一个特定的瞬间或连续短暂时刻内的状况作一快速的摄影，于是仅能用含糊的术语来解释这种能力的形成乃是由于"遗传"和"环境"相互作用的结果。因而以心理测验为依据的心理学基本上是静止的和表面的。它不能阐明由于人的变化和发展而产生的种种内部过程，所以它也就不去理会它们。结果，它不能给从事创造性教育的教师或父母以任何帮助。它似乎对教学和学习上较复杂的问题都采取逃避的态度。

这种心理学，长时间地统治着教育的理论和实践。它达到了这样的地位，因为它证明这个国家的中等教育和高等教育的淘汰性质是合理的，因为它根据极其可怀疑的统计研究，和同样可怀疑的理论假设，肯定大多数的儿童是缺乏必要的能力，再继续受教育是无益的。丢开这种学说在学校制度方面的影响不谈，显

---

[1] 原文出处：[英]柏利安·西姆 著，张官廉译：《心理学与教育》，《西北师大学报》（社会科学版）1957年第1期。——编者注。

[2] 张官廉译自《英国马克思主义者季刊》，1956年10月号。

然的，是它在教育理论和实践上已产生了极其有害的影响。每个儿童、每个教师、每个父母和每个行政领导都受到这些不是帮助而是限制教育发展的心理学观念的障碍。

然而，在许多学校中已经有一些重要的、新的不同思想，并且因此对这些依赖心理测验为根据的种种理论产生了越来越多的批评。由于这些批评中很多部分是不可以反驳的，因此，心理测验的心理学正在开始崩溃。曾出现某些试想改变这些理论的企图，但没有多大成就。已经发表出来的，都是些更为复杂的和不确定的定义，如"智力"一词的定义，还不如19世纪二三十年代的信条断言，令人信服。然而，只要还没有一个可以替代的教育心理学，心理测验就会仍旧继续施展其不良的影响。现在急迫需要的是要考虑是否有可能发展一种积极的教育心理学，就是一种能把心理学恢复到其适当的地位，能够促进和发展教育的教育心理学。过去，这个国家，曾经是系统的唯物主义心理学家的家乡。我们今天应该好好回顾一下这种古典的唯物主义的传统学说，和它后来在别的地方的发展和丰富，及其与今天教育问题的关联。

一

第一个是企图以系统唯物主义的途径来解释人的心理过程的，是大卫·哈特莱在他《对人的观察研究》（1749）一书中所做的尝试。这本书为把心理学从哲学中分离开来和为作为一门自然科学的研究而铺平了道路，它不仅在哲学和心理学上，而在教育上也有着很大的影响。后来使哈特莱的理论获得发展的，是曾经使马克思受过不少益处的法国百科全书学派；特别是18世纪后期，包括革命时代的那些伟大的法国教育的改革者。在这个国家里他的书于1775年由科学家、哲学家兼教育家，约瑟夫·柏利斯特莱认为哈特莱"已经投之于人类心理理论上的光明较之牛顿对自然世界所做的贡献较大"。以后直到1818年，詹姆斯·密勒还以哈特莱的心理学作为他教育理论的根据，由此可见哈特莱影响的力量。

哈特莱关心的是要寻找一种关于心理过程的唯物主义，就是生理的解释。认为人的心理有一个物质基础，所以是可以进行科学研究的这一思想，在差不多早一个世纪前就由哲学家托马斯·霍布斯所提出，他认为思想是由于大脑物质的运动。霍布斯和他的继承者，约翰·洛克都相信人的观念是通过感官来自外界世界。他们都相信思想可由观念（或感觉）联合的理论来解释；那就是，各种现象因为在外界世界同时地或相继地发生而联合起来，也在人的心中联合在一起。按照洛克的意见，最复杂的观念是来自外界世界的那些简单观念的结合的结果。①哈特莱除了吸取了这个传统的说法以外，他也熟知当代科学上的先进成就，特别是牛顿在力学上，而更重要的是在光学上的研究，他并且熟悉当时已经知道不少神经系统机能的生理学和解剖学的领域。

哈特莱的联想理论基本上是根据这种假设，即来自一个外界对象的感觉—印象，首先在感觉器官的表面引起物质微粒的振动，然后是在联结感觉器官和大脑的神经中，最后在大脑本身之内引起物质振动，结果就产生了感觉或观念。两个或两个以上的感觉，同时地或相继地被感受时，引起同时性地或相继性的（即联合起来）振动。在脑中的联结是这样的，将来如果这些感觉中的一个被感受，这个感觉发生的振动将会激起以前和这个感觉连在一起发生过的其他感觉的振动；这些后者的振动，哈特莱认为，是联合起来的记忆意象或观念的物质原因。哈特莱对解释初级的思维过程的这一理论，进一步推究，他演进出一个最复杂的（包括抽象的）观念的生理学解释。这个尝试去揭露思维过程的物质原因的客观途径，是排除缠绕着心理机能的神秘气息的第一个重要的步骤。

"既然感觉之传达至心，是由于施于'脑的'实体之具于原因的效能，如所有生理学家们和医生们所承认的，"哈特莱写道，"在我看来，产生观念以及他们因联合而提高的过程亦必是起源于具体的原因，因此，它们许可由物质的微小部分的相互作用来说明，当这些物质的相互作用变得充分解释的时候。"

他又继续说道，"他的振动理论是一个似乎可以说明观念是怎样产生和联合的假设，不过，这种联想的学说，或许可以奠定为某种基础，可以作为引着我们将来作进一步探讨的指导，不论这个振动的理论变成为什么。"② 哈特莱理论的这

---

① "即使最难理解的观念，不论它们怎样远离感觉或心理的任何活动，它们对感觉本身来说只不过是悟性的构造物，其形是由于感觉的对象，或对象感觉本身活动所产生的观念的重复和联合。"《论人类的悟性》第二册，第12章，第8节。

② 明显，以致它很少能逃脱任何讨论这些问题的作者的注意，虽然，就这里赋予的特别意义的联想一词，是首先由洛克先生采用的。一切古今人士关于习惯的力量，习俗、范例、教育、权威、党派偏见，手工的和视觉的艺术之学习方式等等的论述，无不以此说为基础，或者可视为它在各种情况中的具体事实。"

个概略在今天看来也许不是很革命的。然而当它初次提出，并且在以后一个长期内，它开启了一个全新的远景，而为人性的完善发展的理论奠下了一个科学的基础，是 18 世纪最先进的唯物主义者的典范。它之所以是如此，是因为它导致这样的结论，一个人的品格是决定于他的外部环境。在实践中，人性是可以由改变着的环境改变。当罗伯特·欧文提出"环境形成人"之说，向他当时的蒙昧主义者和宿命主义者们挑战，而主要用教育的方法去推进他们的合作社理想，作为使人向完善发展的手段时，他是以大卫·哈特莱所发展的古典唯物主义的看法作他自己的依据的。确实，唯物主义的哲学家们是常常强调教育在人性发展中的主导作用的。霍布斯主张人的心理能力"是获得的，是由学习和勤劳而增加的；绝大多数人的能力是由教导和训练而学得的"。通过言语的帮助，"同样的能力可以改善到这样的程度，使他超乎于一切其他人之上。"① 对教育有深刻兴趣的约翰·洛克，发展了同样的见解："……我想我可以说，我们所遇的一切人中，十之九，我们是好、是坏、有用或无用，是由于他们的教育。正是教育造成人类的巨大差异。"既然，"人们的态度和能力之差异由于教育者比任何其他事情为多……在培养儿童的心智时，就必须加以很大的谨慎……"②

在教育理论上这一最初的科学的学习理论，在 18 世纪末和 19 世纪初的英国，表现了它充分的冲击力量。柏利斯特莱发展了哈特莱的联想主义，用在他为唯物主义反对唯心主义的不懈斗争上，并把它应用在教育上。后来詹姆斯·密勒写了一本唯物主义心理学的教科书，在这本书里他采取了首尾一贯的心理—物理的一元论立场（"人类心理现象的分析" 1829）；他不止一次地强调教育对人性发展的力量。③ 不过近代否定宿命主义的遗传决定论最清楚的表述亦许要在哥德温（Godwin）的"政治的正义"一书中来发掘，这本书是发表于法国革命的最初期的高潮中。因为与本题有重要意义，是值得全部引述他的话的。

"有多少长的时期教育的天才为这样的虚伪说法而感到伤心和不安，说一个

---

① 《鳄鱼（Leviathan）》，第 1 篇，第 3 章（该书又名《一个国家的物资，形式与权力，教政的和民政》——译者）。
② 《教育感想》第 1, 32 节。
③ 即是，"……教育的力量包括一切，从智力的和道德原始蒙昧的最低阶段和不仅是实有的，而且将来可能完善的最高阶段。如果教育的力量是如此无限的，则使其达于完善的动机的伟大是难以表达的。"《论教育》（1818），第 4 节。

人终身的一切可能发展都是生就的？有多少长的时期这种胡安之说硬加诸世人，要使我们相信，在教育一个人时，不能给他加添，仅仅是打开他原来的贮藏？教育的失败不是出自它力量的界限，而是来自伴随着它的种种错误。

"教育将以坚定的步伐和真正的光辉前进，当那些执行教育的人们知道了它所拥有的广阔领域；当他们注意到学生将成为一个坚忍的和进取的人，或者成为一个拙笨的和无生气的木偶，是依赖于教导他的人们的力量，和他们使用这力量的技巧。当普遍承认到，没有什么障碍阻止勤奋还未达到的进步时，则将用十倍加速的勤奋去努力。广大的公众，在还没有排除了束缚他们的种种偏见，还没有去掉那种神秘的和难以理解的且令人沮丧的制度，在还没有把人的心智看作为一种理智的才能，是受着我们可以理解的动机和方向所支配而不是受我们认识的和不能估量的原因所指导时，他们是不会作出达到一种非常的成功所必需的努力的。"[1]

二

那时，在这个时代，在关于智力或心理的和人一般的发展上，心理学是充作教育的支柱的。不管它有什么缺点，而且早期的联想主义对学习确是含着一种优势的机械论的见解，但那时心理是一门积极的科学，它指出心智的发展是怎样可由教育过程有意识的指导和系统的顺序来培养的。这一时代，所有教育的革新者，如裴斯太洛齐和赫尔巴特，以及这一国家中的同时代人，都以联想主义作他们教育实践的基础。18世纪末19世纪初欧洲革命的兴起正在导入一个新的世界；在一个时期中，特别是在法国和德国，人们思想为这样的远景所掌握，希望通过教育使所有阶层的人们都得到完满的发展。

联想主义在19世纪相当长的时期继续占据着这个国家，在它还维持着这

---

[1] 《政治上的正义》（1793）第一册，第4章。
　詹姆斯·密勒提出同样的见解，当他写道："有充分的理由可以肯定，没有任何怀疑地证明，如果教育不能做到一切，则是几乎没有任何事情它不可成就；没有什么事比那些不留意教育的人的错误更为有害了，因为自然界是有强大权力的，它或者使他们不能达到多少成就，或者它不要他们就完成了很多；功利是远远更为适宜，就是把一切归之于教育，抱着警惕和勤奋的动机，在这伟大的事业上，尽其最大的努力。"见前书第4节。

个地位的时期中，使教育发展为一门科学的可能性仍然是一个有意识的努力目标。约翰·司徒尔特·密勒，作了一些修正，基本上还是保持他父亲的见解，于1869年重新出版了他的书，自己附了一篇导言。他也是认为个人差别的主要原因在于教育的性质，主张任何一个正常的儿童如果给以相同的教育都能达到他自己的（非常的）成绩。19世纪中叶联想主义的主要宣传者是亚力山大·培因，他结合了对心理学和教育两方面的兴趣，这是大多数联想主义者的特点。他的许多书现在仍受到重视，因它们在一个新的水平上将生理学和心理学结合起来。培因于1879年以唯物主义传统的方向，发表了他的《教育为一门科学》一书。

在整个这一时期，教学理论和他的训条（从简单到复杂，从特殊到一般，从已知到未知，等等）都是依据联想主义，只要一瞥19世纪后半叶出版的任何一本教学法书即会清楚此点。斯宾塞的《心理学原理》（1885）和他的《教育学》（1861），都是影响极广的书，它们包含同样的心理学原理。19世纪欧洲大陆的最大教育家赫尔巴特（1776—1841）在他的统觉一聚团说里进一步发展了联想主义，作为他的心理学和教学法的基础。他有力地摒弃了康德和菲希特的唯心主义、自由意志说、本能和先天能力论，而看到了一种建立在科学心理学上的系统教育乃为发展多方面个性的手段。具有重要意义的是，当19世纪末，这里开始发展一种公立中等学校制度，需要一种积极的学习理论的制度时，赫尔巴特的著作被翻译出来，他的影响在一个时期中是很大的。[①] 就是现在教育理论和实践得之于赫尔巴特的较之一般人所理会到的为多。他亦许是最后一个伟大的资产阶级教育理论的系统化者。

可是教育成为一门科学的远景并未得到实现。在19世纪后半期中，联想主义受到不断增加的批评，确实，如马克思在《论费尔巴哈》中已经指出的，古典公式中的机械主义，是留着遭受这样攻击的漏洞的。同样，它多少导向一种机械的教育方法。它抱着这样的观念，教授一个儿童时，只需把东西呈现给他看，并对他讲话；儿童所接触的每一影响，仿佛都会在他的脑中留下印记。这样，学习过程主要是被看作为一种消极的过程，并且这种影响直到现在还保留在我们学校之中，特别是初等学校。

---

① 特别是他的《教育之科学》（译于1892年）。

所以，早期的联想主义是不能理解主体和客体之间儿童和环境之间的辩证关系的。把儿童仅仅看成为他们环境的消极的产物；不容许儿童有自我运动——他的自我活动；通过与环境的积极相互作用的自我改变过程的这种思想，对早期的唯物主义的哲学家们是没有关系的。在对儿童的发展进行科学的研究开始之后，这种观念的缺点就变得愈来愈显明了。所以这个领域就毫无防卫地留给最初起源于卢梭、福禄贝尔、柯勒利芝、康德、菲希特的儿童自我发展的唯心主义理论。[①]最后，由于联想主义采取防守的步骤，到19世纪末，便出现了智力测验的理论。这些理论意义深长地随着帝国主义的降临开始露头；它们反映着一个分层的阶级社会的现实，正好适用于为这个相对静止不变的社会秩序的合理性提供"科学的"证据。

随着这些发展，教育心理学离开了联想主义，这样也就离开了任何包罗广阔的学习理论。结果是联贯一致的教育理论走向衰落，而便利了极其多种多样的折衷主义——教育的坚实的心理学基础已经消失了，教育不再有一个脊柱，不再有一个中心的支持。

三

当古典唯物主义哲学和心理学在英国开始受到轻视时，在18世纪50年代和60年代的俄国重新受到重视。一群拥护唯物主义的卓越的哲学家和批评家的出现，其中有车尔尼雪夫斯基（Николай Гаврилович ЧерныШевский）、柏林斯基（Берлинский）、杜勃洛柳布夫（дюбуа），以及他们的社会批评，标志着第一次在1905年和以后相继地在1917年爆发的革命高潮的开端。这个运动对科学家，显著地是对卓越的生理学者谢琴诺夫（Чеченов）有其影响力。谢琴诺夫于1863年发表了他的名著《大脑反射》一书。虽然谢琴诺夫的理论是在一定程度上不可免地带有推理性的，他企图以反射行动的术语，对人的活动，包括最高形式的"随意"活动，作一种首尾贯彻的解释，并且他宣布了一个客观的心理学科学的

[①] 柯勒利芝对他的第一个儿子以哈特莱之名称之，他把哈特莱描述为"最聪明之人"。后来他在《文人传记》一书中专以一章论证"哈特莱的系统……既在理论上站不住脚，在实践上也无基础。"

可能性。巴甫洛夫承认他是从这一本书得到了鼓舞,巴甫洛夫对心理现象一贯的唯物主义的研究方法,使他置身于古典哲学的唯物主义和由它发源的早年的科学心理学向前发展的主流里。

"作为一门科学的心理学早已确立的最重要的和不可置辩的发现"。巴甫洛夫写道:"就是主观现象之间的联系这个事实的确定——最明显的例子是词的联想,然后是思想、情感和行为冲动的联系。"他自己的贡献是证实了联想产生于皮层细胞中所建立的暂时联系的基础之上。他采取了一种心理—物理一元论的立场,坚持主张不应该把生理的和心理的东西断然分开:

"暂时神经联系"。他写道:"是动物界也是人类最普遍的生理现象。而同时它是心理的,心理学家们称之为联想的东西,不论它是由各种样式的行动或印象的联合所构成,或者是由字母、词和思想联合所构成。有什么理由在生理学家所称的暂时联系和心理学家所称的联想之间划出区别或把它们分开呢?"①

当然,巴甫洛夫是根据他的实验结果得到这些结论的。他确定一个条件反射能在一个无条件反射的基础上建立起来时,他第一次客观地证实了联想的事实乃是学习的基础,在他对高级神经活动进一步的研究中,开始建立了联想(或暂时联系)形成的规律。我们已看到哈特莱假定了联想的存在,并且根据当代科学的基础推想它的生理原因。当巴甫洛夫把对狗的喂食和拍节器的响声联合起来并且成功地单独用后一刺激引起狗的唾液分泌时,他客观地证明狗已"学知"拍节器是食物注入口内的信号,一个暂时联系已经在大脑中两个相关的区域形成结果产生了一个条件反射。②但是巴甫洛夫所做的,自然,这不仅是实际上确立联想的生理基础。条件反射的发现是他的理论的基础工作,是他的实验技术的基础。早年美国行为主义派攫取了巴甫洛夫成绩的这一方面,企图在否认意识的这一刺激——反应公式的基础上建立一种心理学体系。巴甫洛夫反对这种对条件反射粗俗的和过简单化的使用,正如他经常批评走向另一极端的德国格式塔心理学的

---

① 《巴浦洛夫院士生理学说科学讨论会报告》,莫斯科,1951年,12页。《巴浦洛夫选集》251页。
② 重要的是应该注意到巴浦洛夫认为联想,或暂时联系,"是一个类属的概念,就是把以前两个分开的东西联系在一起,在一种机能关系上的两点的结合,它们融合为一个联系—而条件反射是一个种的概念,"(《巴甫洛夫星期三》,第二卷262页俄文版)条件反射是先有一个感受器和效应器(即眼与手等)皮质代表点之间的联系。可是联想,或联系是建立在一个更为广泛的范围内,即是在各皮层个别感觉区之间;他们可以不和一个效应器直接联系,所以可以不产生一种外部运动。

神秘性。① 他自己用形成条件反射的方法，是要借以研究高级神经系统的全部机能活动，并且最后得以确定支配高级神经活动的规律。

亦许巴甫洛夫的理论在这里和我们最有关的方面，是它特别重视由高级神经系统机能活动所简化整合的有机休和其环境的相互作用，也就是它特别重视动物有机休的适应性，或学习能力。巴甫洛夫证实了这种相互作用的适应性的主要作用，是由高级神经系统担任的，仿佛在它里面具休表现了有机体全部的进化发展：

"高等动物的大脑皮层，按照巴甫洛夫的意见，掌握着一种接合的或连接的机能，就是获得、形成、创造有机体和其环境之间新的联系的机能，发展新的生命经验的机能，个体发育中适应的机能，而使有机体适应于环境条件，环境适应于有机体的需要。"② 巴甫洛夫采取的立场是一个唯物主义者和一个决定论者。但他绝不是一个机械唯物主义者，相反地，他关于大脑过程以及有机体对环境关系的概念基本上都是辩证的。实际上，他的伟大贡献是他在把心理现象的唯物主义的解释置于一个新的科学基础之上时，他排除了机械主义。

一个科学心理学的真正基础是把生理过程理解为心理现象的基础。这是18世纪中哈特莱着手要规定的，也是巴甫洛夫在生理学已经有了新的进展，其本身开始走近心理学领域的一个时候着手要达到的。正如哈特莱的理论是对那些从事教育的人们的一种鼓舞，巴甫洛夫的理论也同样对于苏联的教育心理学和教育实践有一种密切的关系。巴甫洛夫的理论在教育上的主要意义在于它着重在高级神经系统的极端可塑性：

"用我们的方法研究高级神经活动，我所获得的最主要的、最强烈的、最恒常的印象，就是这种活动的非常的可塑性，和它无限的潜在力；没有什么东西是静止不动的，或是难于驾驭的，一切都是可以经常达到的，向着更好的方面改变的，只要给创设了适合的条件"。③

这个总括了大量实验研究结果的结论，要求我们转回到像洛克·哥德温、柏利斯特莱、密勒、欧文从前所表达过的对教育作用的积极看法，但这个看法要

---

① "格式塔心理学，因其否认联想，是一个绝对的零，其中没有任何积极的东西。"（同书第二卷580页）。
② A.C. 伊万诺夫—斯摩林斯基：《科学讨论》，第78页。
③ "一个生理学者对心理学者的答复"，《巴甫洛夫选集》，第447页。

在一个更高的水平上，是要以支配大脑过程规律的新的和不断增加的知识为其基础。这可能使古典唯物主义者的思想，有一个富有成果的发展。古典见解的弱点在于它的机械主义，在于这样的结论，认为心智的发展就是外在力量对个人影响的简单结果。在教育上，这会导致一种仅从教师"吸取"知识的儿童的被动性。巴甫洛夫的理论拒绝这种片面的解释。有机体对环境的关系是被看为"相等重量的"积极的相互作用的一方面。所以一个人不是自动机器；当然他的行为也更不是与生活条件无关而不可用科学研究的某些内在力量的产物。他的意识是在他的活动中形成，他的心理过程依赖于这种活动的性质。这是教育的关键，是有计划地形成心理能力和有计划地、有意识地鼓励心智发展的关键。

苏维埃心理学发展指出的事实就是这样的，它近年来在解决教学和教养的问题方面已不断地运用了巴甫洛夫的理论。可以举出两个实例：第一个是一个比较简单的例子，即列昂节也夫（Леонид），对音调听觉不灵的儿童的实验例子，依照巴甫洛夫的理论假定，能够唱出听到的音调，依赖于所需要的耳一口联系的形成。大多数儿童的这种联系，是不需要特别教导，就早已在他们入学之前的正常生活中形成了。然而，有少数儿童，他们的特殊生活情况使这些联系不能建立起来（列昂节也夫对这样情况的发生给予一种解释），这样的儿童是不会听音调的。列昂节也夫对不少这样被教师认为不会重唱出听到的音调而抛弃的儿童进行了实验。他着手系统地以一种巧妙的方法使这些儿童形成所需的联系。他对所有的儿童都获得成功。

第二个例子是根据算术教学的研究。L.s. 斯拉文娜（Л. с. славенна）对某些7岁和8岁的儿童作了实验，依照教师的报告，这些儿童是很不会加、减或做最简单的加法的。斯拉文娜进行研究所根据的假设是"在头脑里"加、减的能力是一个系统联系形成的问题，这是必须从仔细控制的玩弄外界对象的过程开始，要经过一系列的阶段。她带着儿童们回到用实物加减的最初阶段。当儿童能够不用实物在头脑里进行计算时，然后她就使儿童们按照计划的步骤，进一步学习除法，她对所有儿童都获得成功；当这些儿童重新回到正式班里时，他们表现出和其他儿童一样的学习能力，有一些比别的儿童还要好。换言之，她证明了这些儿童的落后不是由于天生的迟钝。他们的落后是因为在他们入学之前在平常生活中没有像班里大多数儿童已形成一种基本的数字感觉，和由于教师对他们认识的错误。要克服表现为对学校，特别是对算术课淡漠或敌对态度的那种显然迟钝的方法，必须是形成必要的联系，补充那些"失去的环节"，从这里再进一步发展到除法和熟练计算。

在苏联所进行的这些以及其他的研究，所指明的结论是人的种种能力是经过一系列的步骤，按照一定的顺序形成的，每一个步骤都是对能力的确立所不可缺少的。在这种过程中，常是在使用实物的外部行动的基础上所形成的早期的阶段变成自动化，于是"退出"意识之外。换言之，那种在心理的一些特殊才能表现中所出现的最后能力，实际上是在个人心理中所重现的和转化了的过去经验的产物。这个理论显然对于先天的个人差异的整个问题具有重要的意义。列昂节也夫总结在这个问题上在苏联所进行的许多研究时，写道：

"从这种实验工作可以提出的一般结论是人类心理的特性。一般的和特殊的，并不代表仅能叙述其有无的某种特殊'能力'的显露，而仅仅是个体发育期发展的产物。这并不意味着人们之间解剖生理的差异没有作用；这仅仅意味着，心理的特性和特点不能是直接天生的，他们常是在个人发展和教育过程中形成的，关于这种形成的规律的知识，使有可能对这种过程作有意识的指导。"[1]

四

这里仅是把高级神经活动新生理学与教育的关系作了最简单的概述。自然，生理学的进展本身不能对心理学的复杂问题提供解决方案，这样想是错误的。在另一方面，如果心理学要作为一门科学来发展，它必须坚定地依据生理学发现的事实。巴甫洛夫贡献的重要性就在于此。有些其他生理学家们用巴浦洛夫的方法或别的方法，正走着同一道路。这里应该指出 J.Z. 杨格教授的工作，他的研究已使他达到这样的结论，"遗传下来的大脑可能大部分是一张具有种种可能性的白纸；当它由社会的遗产获得一个组织时，它的能力就迅速地发生改变"，他相信，"我们还远远不知道如何最有效地利用教学时间……用更为审慎的研究和更多的胆量探寻新的方法"，他又说："我相信我们能有效地改善我们的力量来训

---

[1] 《人类心理特性的本质及其形成》，《心理学问题》第一卷，1955年。

练大脑,去相互传递消息。没有别的出路给我们这样多的希望,来促进全人类的幸福"。① 其次,也可以指出蒙特利奥的维德尔·潘菲尔德的工作,他总结了对大脑机能直接研究的一篇报告时,指出这样的希望说,用这种方法,生理学和心理学可以更密切地结合到一起,这样就可以探知人的心理。②

上面所说的足以证明我们有根据应该转回到一种积极的系统的心理学,能够代替目前占统治的折中主义,特别是以"走近路"的方法,逃避一切真正问题,因而不去注意它们的心理测验。这不仅是一个学术上的问题,而且是一种发展教育的迫切的社会需要。一旦在教育心理学和教育理论上表现出一种新的、积极的希望时,教师们就会为真正的教育,就会为发展儿童的能力,和提高学校的标准,发挥其充分的精力和创造性的倡导才能。所以促进这样的一种希望是真正教育前进的首要条件。

现在大家愈来愈承认在这个国家中一个教育的危机正在发展着。这个危机的表现是我们的学校制度不能造就出足够数目的训练合格的男女人才,来适应直接的社会需要。这种危机是不能依靠上面,如政府所提议的少数变革来挽救的;所需要的是全部教育过程性质的一个根本的变化。必须打破对所有儿童实施全面教育的障碍,必须发展一个统一的学校制度,必须先停止初等学校里现在所实行的"智力分布",以后在中等教育阶段取消这种办法,必须制定出一个适合于一切儿童的系统的课程,和与此必然伴随着的,是对教学方法进行审慎和广泛的研究。这些事情是不可能达到的,除非产生出一个积极的教育理论,以代替和心理测验的实施相联系着的那些使人沮丧的观念。

这些在更大程度上依赖一种科学心理学的发展,依于它和教育更密切的配合。我们自己的心理学家和教师们,对于解决教育上的重大问题,教学方法和内容的问题,以及那些与学习和能力发展的问题所做的一切尝试,必须给予鼓励。虽然有种种的困难,但综合性的学校正在建立起来;有些初级学校已取消了"智力分布"的办法,心理测验的理论不再像从前那样使人相信。教师们和其他的人们正在有意识地寻找一些新的东西来配合他们的经验。所以机会是存在着,以

---

① [英]J.S. 杨格:《科学中的怀疑与肯定》,1951 年,128—129 页。
② 第 14 届国际心理学大会报告(1954)1955 年,69 页(潘菲尔德的这篇报告,已译载于《高级神经活动学说》1957 年第 3 号——译者)。

新的观念、新的愿景代替过去阻碍进步的思想，并且同样有可能对我们的教育制度进行一次剧烈的变革，它将能有助于按照"不列颠走向社会主义的道路"中所见到的，转变社会。我们的教育制度可以用这样的方法从目前为资产阶级所需要而实行淘汰功能的制度转变为一种真正教育的制度，这种教育制度是为工人阶级和全民的需要服务的，其目的是发展儿童和青年人最大限度的能力和人性的品质的。

内倾和外向的人格[1]

近代变态心理学家荣格（Jung）[2]以其研究变态人格的结果，发明人类的人格有两种极相反的方式：一为外向的，一为内倾的，他称之为外向的人格和内倾的人格（Extroversion and introversion）。此种人格的分类引起了许多人格心理学者的注意和探讨，现在已成为一般学者公认的学说了。

定义及其特性

关于外向和内倾的两种人格，至今仍无清楚的定义，且各学者往往把这两种人格的方式和其他人格特性含混起来。因缺乏科学上的根据，作者不愿作任何武断的叙述，只好引几个重要学者的意见供作参考而已。荣格自己的意见是："倘若一个人的心理方向老趋向于外界或客观的事实，其行为意志亦多决之于事物之客观的价值，这就是外向的态度，习而久之便成了外向式的人格。内倾式的人格，多受主观思想的支配，其对外界事物的观察取舍，皆以自我为标准。"他又说："外向人格者的精神生活，好像寄托于其个人以外的对象或关系之中，甚至有时抹杀了自己固有的个性。反之，内倾式的人格，常常感觉外界的对象，处处比自己优越，所以他常取自卫的态度，他所处的世界就是自己内在的、主观的人生。这两类人格都是极端畸形的发展，前者只顾向外发展，而忽略了内部的充实；后者只顾向内发展而其与外界的关系则留于停顿的境地。"

康克林（Conklin）[3]从"注意"的观点上来区别这两种人格，他说："外向式者的注意决之于外面的情境，其思想的内容，亦多连属于客观的事物。内倾式者

---

[1] 原文出处：张官廉：《内倾和外向的人格》，《微音月刊》1932年[第2卷]第4期，第19—26页。——编者注。
[2] 原文为"荣氏"，今译作"荣格"。——编者注。
[3] 原文为"康克林氏"，今译为"康克林"。——编者注。

的注意则决之于其主观的条件，其思想的内容，又多为抽象的性质，与客观的事物缺少密切的关系。"

康克林又按各人注意态度的不同，于外向和内倾的两类之外，发现第三种人格的方式，此种人的注意有时决之于客观的情境，有时决之于主观的情境，其思想的内容亦多所变化，盖视其态度之方向而定。康克林称此种为混合式的或中度的人格（Ambiversion）。

尼克尔（Nicoll）[①]说："内倾式的人格，最显著的特性是沉默，外表冷淡，谨慎，细心，使人不易了解，他们总是将自己的事秘密起来：他们怕暴露他们的情绪，惟恐谴笑他人，他们更不会使用感情，他们在亲密的知己面前才肯表白自己的一点，他们对自己内在的生活，十分清楚，亦时常批评自己，有时自贬太甚，有时却又过于自矜，无论对什么事总持着怀疑批评的态度，且心里时常忧疑，时而挂虑前途的问题，时而挂虑目前的困难，恐惧成了他心理上最大的要素，种种机会皆使空空地过去，所以至终一无所成。"

关于外向式的人格，尼克尔这样说："有些外向式的人格，从不感任何困难，其生活热烈活泼，但很少周密的计划或准备。设若他胆怯的时候，一点激励就可使他兴奋，他们交游很广，对社会的一切事理价值，都认为有当然的道理，默然接受。又喜好娱乐，从不知人世尚有什么烦恼痛苦的事情。他们行动简捷，言语清爽，其情绪肆行流露，对于喜怒、悲欢、爱憎等的表现内外如一，绝没有一点儿矫揉造作。他们极喜活动，繁华，热闹，不论遇见什么事，立刻发生反应，他们外面所表现的生活和其内部的生活绝少分别。"

坦斯利（Tansley）[②]说："外向式的人活在这个世界里，且为这个世界活着，他的兴趣，目的投射在外面的世界，他的思想情感都为这个努力，可是他内在的精神生活的涵养极为肤浅。内倾式的人只专心于其自己的心理历程，显明地和其他周围的环境隔绝，他深知自己的长短，他虽不愿和外界接触，但他那种精神集中的习惯，能使他专心于所要做的事情，所以屡次做出些惊人的成绩。"他又说："内向式的人有时与实际世界的接触反应广大，因为他精神的生活渐趋于高尚丰

---

① 原文为"尼哥尔"，今译为"尼克尔"。——编者注
② 原文为"唐斯理"，今译作"坦斯利"。——编者注

富，所以能适应文明社会有增无减的要求。外向者不易发展其内部的生活，所以他的人格肤浅粗陋，对日常生活的要求反不足以应付。"

从以上各家对内倾、外向两种人格的定义和特性看来，虽其着眼处各有不同，如尼克尔注重情绪的表现，坦斯利注重精神力的方向，康克林注重注意的心理方向，但都注重他们和社会环境的关系。换言之，就是我们从一个人对社会环境的反应，就可看出他人格的方式属于何种了。

起源

对于影响此两类人格倾向的要素，现在还没有实验的证据，不过有些学理可提出来供我们参考。

弗雷德说："这两种倾向或由于内分泌腺的作用，如甲状腺、肾上腺、性欲腺等，对人格的发展极有关系。此外则可推之于个人经验，独生子，或惯受溺爱的儿童，身体上有残缺的人，或出于一个小团体社会的人，每易变成内倾的人格。"他又说："亦许由于遗传的性情。"

坦斯利说："这两种方式之根本的心理构造，定有遗传的背景，在儿童时代很容易看出来，不过对于外向式的人，可以叫他反省、度量、判断、行动以前先加一些思想；对于内向式的人，可以教他们多出来和外面世界接触，多用其智力于实际的事物之上。不过这些事须行之于儿童时代与青春时期。"

荣格则主张这些倾向决定于儿童极小的时候，甚至你可看作是他们天生的情形。

麦独孤（Mcdougall）[①] 相信外向、内倾是一种气质，由于神经系统本性的作用，亦可为人体内化学的或腺内分泌的作用。他说这种倾向的程度可以用药石来移改，比如一个内向式的人纵饮以后，往往行动放荡起来，素日秘密的心事，都尽情吐出。

欣克尔（Hinkle）[②] 说这两种倾向决定于婴儿在生产前后所受的刺激。难产的婴儿受了痛苦的经验之后，不易接受外界的经验，结果便向内发展。外向式的儿

---

① 原文为"麦克独孤"，今译作"麦独孤"。——编者注。
② 原文为"新克勒"，今译为"欣克尔"。——编者注。

童，是将其乐园的生活带出来，投射到外面的世界，以为世界上的生活仍如母腹的那般温暖安适。

总之，我们可以说外向、内倾的两种人生态度，大半是在儿童时代所造成的。

青春期与外向内倾的人格

外向与内倾的两种人格既是环境的产物，那么我们可以承认幼年以外青春时期的环境，与一个人一生的人生态度有极大的关系。我们都知道在这个时期，青年人生活的各方面都有显著的变化，他们的行动古怪，使别人甚至他们自己亦莫名其妙。此时他们寻求解放的欲望极强，不愿再受家庭的束缚，处处要以独立的精神去与真实的环境接触，而且对人事或社会的道德和价值等，多取怀疑试验的态度。倘若在这个时期境遇平顺，周围的人物都给他以很好的印象，他在幼时所养成的习惯虽是内倾的，但从此亦多少可以改变一些，多和外面的人事接触。反之，倘若一个外向的人，在青春时期正初露头角的时候，就饱受打击，他可以一变向来的方向，感觉人生并不是说他理想中的那般可靠，因此渐渐怀疑别人，怀疑社会，怀疑宇宙的一切，其生活便向内发展。我们多少留心一些，就可在亲戚朋友中找出这样的例子来。我们常听人说："某某幼时多么活泼自如，现在却沉静寡言，不大喜欢和人接近了。"这未必不是因青春时期的改变。

外向内倾的人格和生活的适应

以上的许多描述，都是指两种极端的人格，但大多数的人却在这两个极端的中间，不过内外倾的程度不同而已。这两种人格的方式，并没有优劣的分别，如能适应得当，都可以有相当的成就。反之，如果遇到了不好的环境，使他们的生活和实际的人事隔绝，便会走极端而进到精神病的领域里去。或者有人说："往往有许多天才，尤其是诗人，和实际社会不相往来，终日度其世外孤独的生活，然其对人类文化却有极大的贡献。而且要促进文化的进步，应当有些人减少社会的活动，专去作研究探讨的工作。"我们的答案是：极少数的天才因不能适应环境，其行为与疯人院里的精神病者本没有多大分别，其结局亦多悲惨，如法国的卢梭（Rousseau）、莫泊桑（Maupassant）就是极好的例子。不过就大多数成功的天才来看，其生活的表面虽似与社会隔离，但实际上其内部的精神和外界的环境极为融洽，其适应范围的广大，观察人世的深远，绝非一般常人所能比拟，我们这里所指的"和实际的人事隔离"有两个含义：一是其外显的行为不能适应环境，即普通的反常行为；二是其内部的精神思想与事实相背隔离，终日生活在其幻想自造（Self-made）的世界之中。这第二个意义是划分精神病者和常人的一个极重要的界限。比如疯人院里的精神病者，滔滔不绝地向你讲述他是世界一个怎样重要的人物或百万富翁（他自己坚信如此），但一面却操其擦桌扫地的生涯，不显半点不满意的样子，这自然是极端特殊的案例，不过可以使读者容易明了"和实际人生隔离"的意义，因为这一点是适应环境或人生成败极重要的关键。多数学者的意见以内倾式的人格易和环境隔离，易变为自私古怪的性情，按最近各国精神病院病人的统计，亦以内倾式的人为最多。但设若外向式的人走了极端亦易和人生隔离，养成自私的怪癖，其生活的一切为幻想所支配，抹杀事实的真理，且往往不顾自己的体面，对别人辄取侵略的态度，患歇斯底里（Hysteria）征候的人即属此类。

  读者此时对于外向、内倾的两种人格想必已有一个大概的认识了。在最后的一段里，略论到这两种人格与人生的关系，可惜因限于时间不能详细讨论。作者盼望不久再能写一篇相关文章讨论这两种人格在适应失常——即遇了困难无法解决的时候，最易显现的几种病态行为，以应读者的期望。

现代父母与儿童[1]

一般人的意见,以为做了父母,就会抚育小孩。谁家做父母的,都不肯令他们的儿女长成斜才;叫他们先学一学怎样教育小孩再去生育,实在是大可不必的一件事——这是人类几千年来的传统信仰。可是最近儿童学者告诉我们,教养小孩并不是人类生来的本能。一对新婚夫妇,在生了第一个小孩之后,才像婴儿学走路似的,逐渐发现儿童的需要。而且,他们从自己经验中所找到的方法,也不见得处处高明。世界上不知有多少儿童,竟做了他们父母盲目试验的牺牲品。我国儿童心理学的研究还在发轫时期,所以我们还未能有科学的根据,来指出旧家庭教育对儿童的贻害。可是我们随便打开欧美学者最近关于儿童的著作,或是儿童行为诊断所(Child Behavior Clinic)的记录,就可以看出许多儿童的不良习惯,或是使父母束手无策的顽皮行为,都应归咎于父母自己的过错。差不多每个父母都爱他自己的子女,这是不容我们否认的真理,但,爱是一回事,贤明的教育却是另一回事。父母对子女热烈的"爱情",须受着知识的指导。

论到父母对儿童应持的态度,有许多问题值得我们研究。可是限于篇幅,势不能一一的提出。今根据一般儿童专家的意见,只选出三个问题来和读者讨论一下。

父母对儿童的情感

儿童时期最显著的一个特色,就是自我表现(Self-expression)。什么事都要尝试,时时要别人注意着他。这时期中,父母须给他以相当的爱抚、注意和鼓励,他才能感觉世界是安定的、可靠的、善良的。这样,他才会慢慢地和实际的世界接触,而他的自信心亦因之而日渐增加。他对别人,亦会养成信任的态度。

---

[1] 原文出处:张官廉:《现代父母与儿童》,《现代父母》1933年[第1卷]第3期。——编者注。

倘若一个儿童处处受着父母或其他家人的慢待与忽视，他因自我的发展受了挫折，便渐渐向内发展，态度亦就格外静默起来，并极力躲避和别人接近，终日只迷恋于他自己的幻想与梦。比方一个儿童终日静坐在那里，幻想他自己是万人倾倒的英雄；或是幻想他有无限的权力，使凡凌辱他的人们，都屈服于他的脚前，受他的处罚。这都是因他的自我在实际的生活中得不到相当发展的缘故。

在儿童生活中，幻想固然有相当的地位，不过倘令其发展过度，迁延太久，则对他一生的成就大有妨碍。这种儿童易陷入两种危险：第一种危险是：养成孤僻的性格和任何事都不敢尝试的胆怯态度；第二种危险是：倘若这个儿童的性情刚愎好动一些，最易使他造成种种反社会的行为（Anti-social Behavior）。他会借种种的恶作剧，去报复别人对他的慢待，或者借以吸引别人的注意。在实际生活中，这两类儿童很少有发展的机会。而且有些精神病，是起源于这样的心理。

在多子的家庭里，往往因父母对儿童的歧视，会造成儿童这样的心理。因此，父母对各个儿童的态度要特别小心，务须十分公正。而且儿童的感觉非常敏锐，往往在父母不注意的些许小事，会引起儿童很严重的反应，所以父母还须时时观察儿童，倘发现他稍有乖癖的行为，就当立刻矫正。

不过大多数父母的毛病，不在爱子女太少，却在爱子女太多——过于溺爱子女。有好些父母永远拿儿女当小孩看待，事无大小，都为他预备，替他决定，终不肯让子女自己去尝试，用自己的心思去判断一切。儿童在他的父母之外看不见别人，所以拿他的父母（多是父母中的一个）当作世界的完人。父母亦看他的子女像毫无瑕疵的珠玉一般："我的乖乖！""谁敢说我的宝宝不好呢！"这种带毒性的"爱情"是现代父母所不容有的。这种溺爱的态度有时比前一种伤害还要大。在这种爱里培养大的儿童，像温室里的鲜花，若移在外面，一经风霜，便很容易枯萎凋谢的。

教养子女是父母的责任

"男子主外，女子主内。"——这是畸形社会里的信条。"严父慈母"——这是宗法社会家庭里的观念。儿童在生理上是父母二人的结晶，在他的人格里亦应有父母二人对等的成分。"妈妈，这件事不要告诉爸爸。"正表示着一个带分裂性的家庭。儿童们在母亲面前翻天覆地的吵闹，一见父亲回来吓得小鼠似的藏匿起来。父母中的一个责罚儿童的时候，另一个心疼着拦阻、反对。这样长大的儿童，生活中只是冲突，行为里没有标准。有些家庭里，母亲对儿女事事过问，父亲则一概不理。这样，儿童的生活亦不易有丰满的发展，因为儿童只看见母亲的世界。

父母须为儿童的模范

"这个孩子这样的好发脾气，这是他父亲的遗传。"——近代的心理学家还没有证明遗传有这样大的势力。儿童好发脾气，或其他很早就有的坏性格，是由父母处学来的。父母对儿童用言语来教训，必在儿童识人事、懂言语以后才能发生效力；但父母的一举一动，儿童在襁褓之中，已深深地印入他的人格里了。父母不理会，儿童更不会自觉。父母没有好行为，却硬逼着儿童学好，在这样的情况之下，教养儿童，任你怎样费力，都是无用，因为儿童始终不明白好行为是怎么一桩事。这里，我们不妨借用耶稣的一句话："荆棘里，岂能摘无花果呢？"

我们常看见无数的父母，尤其是年轻的父母们，仍在发孩子脾气，仍过着"骑竹马""抱泥娃娃"的孩子生活。孩子们教养大的孩子，终是孩子。代代相传，世界上满是穿大人衣裳的孩子。试看我国军政界的领袖，终日终年的闹意气，彼此打仗，不都是孩子做的事吗？

作者谨忠告要做父母的青年夫妇们：在你们想要教育好儿女之前，应该先考察自己一下，看看自己的态度有没有成熟？你们的行为能不能做好儿童的榜样？如果没有，你们就没有教育子女的资格，更不配做好儿童的父母。要做父母的青年男女们，为了自身人格的发展，固应做深刻修养的功夫；为了要去教养良好的子女，更当用理智来训练自己。不但对儿童的训练要有始终一贯的原则，自己的行为更须接受高尚的理想及坚定的信仰的指导。

总之，在现代式的家庭里，父亲和母亲应同样关心儿童的教育。儿童在父亲面前，是和在母亲面前一样的活泼自然，毫无畏惧地对父亲讲述他的事情。在现代式的家庭里，没有带着怒色的、严厉的管束，亦没有无理性的疼爱，或一味地放纵。在现代式的家庭里，只有父母双方同心协力打造出来教养儿童的一个合理的标准。父母两个都能以同情的理解的态度去指导儿童。子女不是要处处去讨父母的喜欢，或去服从他不知所以然的"父母的意旨"；乃是为了他自己的好处，去遵循一定的法则，来发展他自己的人格。这样的儿童长大以后，凡事都会有果敢明确的判断，有法治的精神，更有独立创造的能力。莎士比亚曾有一句话："聪明的父母认识他自己，聪明的父母也了解他自己的孩子。"让我拿这句话作结束吧。

病儿的心理学[1]

今日人类养育儿童的方法，还未到至善之境，所以一个儿童生下来之后，不论他的环境怎样好，准不能逃脱疾病的遭遇。因此，父母应当预先有一番准备；知道怎样的，并勇敢地去帮助儿童，去胜过他们生命途中疾病的难关。严格地说来，一个儿童——若不是一生下来就残疾的——会不会中途夭折，他的身体会不会终身残疾，总之，他的身体能不能保持其常态的健康，那便要看他在疾病时所得到的看护与医治了。

对于疾病儿童的看护，是一个医药上的问题，在心理学方面，似乎没有什么可以说的话。不过我们要知道，儿童不是一个死机器，坏了的时候，只要匠人的手艺高明，便可以把它修理完好的。儿童乃是一个具有人格的有机体。你要他做任何事情，须先明了他的心理，得到他的合作，尤其在看护疾病儿童的时候，倘若他惧怕医生，顽强地抵抗吃药，那就不但你对他的看护上极感棘手，他的病状亦会因此转变恶劣。作者愿就心理学的范围，提出几个对于疾病儿童应加注意的问题，与读者商榷。

病前的儿童

我们希望儿童永远不病，但事实上，儿童是不能不病的——我们已经说过这点。所以在儿童没有病的时候，父母就当训练儿童，作病时的准备。

养成尊敬和信任医生的态度

金宝病了的时候，他母亲请医生来。医生进了门的时候，却看不见金宝。

---

[1] 原文出处：张官廉：《病儿的心理学》，《现代父母》1934年［第1卷］第9期。——编者注。

原来他已藏匿在床下；拉他出来的时候，已吓得面无人色，哭叫起来："不要大夫，大夫要打针呢……"对于这样的儿童，医生是没有法子诊查他的病状的，因哭泣、惧怕的情绪，已使他的脉搏和温度失了常态了。

我们不能否认，有好些父母用了这类的话去威吓儿童："你要闹，我就叫医生来割了你的舌头。"医生果真来了，他自然会吓得魂飞天外。

父母平日不但不应拿医生来威吓儿童，连批评某某医生的话都不应当让他听见。因为他听见你说某某医生不好，他会以为凡医生都不好。我们应当随时用各种方法教训儿童，怎样地亲近和信任医生。这样，他病了时你才能很顺利地看护他，他才肯听医生的话。他的病亦自然会加快的好了。

应当养成儿童勇敢吃药的态度

骏儿对他的母亲说："阿母，永康多么没出息，他总不敢吃药，我就敢吃药。"他得意地把苦药吞了下去。

平日成人不应当让儿童看见他们吃药时的痛苦样子，更不可讲难吃药的话，让他听见。

预先诊察儿童的病状

往往，父母们不留心观察儿童，所以在儿童初病的时候，他们不知，或知而不理。到了儿童病状增加的时候，才慌乱起来，可是那时已经晚了。一片阿司匹林（Aspirin）或两粒泻药丸，或一些加意看护可以除去的小病，竟或延迟成不治之症。

要预先诊察儿童的病状，并不需要什么专门的医学知识。往往，儿童特别比平常好生气，多半是疾病的表现；一个好动的儿童，往往在身体不舒服的时候变得沉静起来。

对于幼小的儿童的一个训练

很小的儿童，到处爬，到处跑，抓住东西就往嘴里塞。有时他把危险的东西塞入嘴里。这时,你自然让他吐出来;但有的儿童,你愈要他吐出来,他愈咬紧牙门,甚至吓得立刻吞了下去。父母应当常常拿糖球,或其他无危险的东西,喂入儿童口里,然后教他吐在你的手里。有这样的训练,到了危险的时候,便可以得到益处。

病时的儿童

对于幼小的儿童

幼小的儿童没有强的记忆力,不会忧愁。病状一去,他便和好儿童一样。前几分钟,他会发热,啼哭,现在他已经活泼地在那里玩耍。于是家里的人便很高兴地说,孩子已经好了。岂知再过一会儿,他们的孩子亦许会病得更厉害起来。父母们遇见这样的情形,还应当细心地继续观察,不应当因儿童一时的精神振作,而骤抱乐观。

不可给疾病儿童过度的兴奋和注意

每逢儿童有一点儿小病的时候,家里的人当聚集在他的周围,表示惊惶忧惧。这时儿童觉得他是家里的中心,好像他比谁的把柄都大,因为谁都得"退避三舍"地让他,他有了新的发现——发现了疾病是制服成人最好的手段。作者认识的一个女孩子常有头痛的毛病。她头痛的时候,可以不上学,父亲给她买很多点心和水果,母亲还得抱着她满院子里走。她每学期之中,至少要有一两个月这样的耗费过去。这样,她既可以逃脱学校里她认为繁难的工作,还可以得到家人的注意,何乐而不为呢?

畏难苟安,或为要得到别人的注意而装病,起初亦许是有意识的(有时候是本人不自觉的),以后会装假成真。不过这类的征候,并不是真正身体上的病症,其起源完全是心理的;在变态心理学上,称之为歇斯底里(Hysteria)[①]、神经

[①] 原文为"息斯特里",今为"歇斯底里"。——编者注。

衰弱（Neurasthenia），等等。好些成人的这类病症，未尝不是起源于儿童时代。

父母在儿童病了的时候，应当尽力表示和平日一样的镇静；绝不应当让儿童听见你在谈论他的病状，或看见你为他焦急；对儿童一切的打算，都应当尽力避过儿童再商量，不必让他听见。

不可造成疾病儿童对任何事物的惧怕

你不要用这类的话对你的病孩子说："你不要吃那冷菜，吃了会使你更病的。"或说："你不要到外面去，出去会使你更病的。"这样的话会使他好了之后，还惧怕冷菜，每逢出外面去，就心里发怕。父母对病孩子说话唯一的原则，就是不要用惧怕的心理，去禁止儿童做任何事情。

对于患特殊病的儿童

比方你的儿童患了百日咳，医生说不要让他乱跑，怕他感染，并有发展成肺炎的危险；或是他患的是心脏病，医生说需要让他好好休息，多多睡眠。父母都会觉得抱着儿童，或搂着儿童睡，是安慰儿童最好的方法（聪明的父母，平日绝不这样做）。可是这样一来，你在儿童身上多少时日所下的训练工夫，会因此完全被破坏。因为他要像没有受训练以前的那样向你撒娇，不听话了。这的确是父母的一个困难问题，父母们多半是为了疼爱儿童，在这时是不顾什么训练问题的。就作者所知，各儿童专家在对这样的疾病儿童，亦没有妥善的办法；只好在很审慎的监护之下，让儿童任性一些，等他病好了之后再着手新的训练。

病后的儿童

父母对于病后的儿童要有耐心

病后的儿童身体格外虚弱，因此在行为上不易一下就振作起来。成人在病后，有时都带着三分孩子气——一点儿不足道的小事，就会使他生气。儿童病后，自然更不能希望他立刻恢复以前有规律的生活。父母看见儿童这样子的情形千万不要焦虑。倘若儿童病的时候，你没有给他以不合理的溺爱，他的行为就会慢慢恢复原状。所以在这个时候，父母要格外忍耐一些。对儿童合理的要求尽力使之满足，对那些不合理的要求，竟可置之不理。但父母需用同情的态度亲近儿童，并用同情的话语开导儿童。务使他的行为走上合理的轨道，同时还觉着你是充分地爱着他。

两种特殊的病后儿童

第一种特殊的病后儿童会拿装病当作逃学和制服成人的工具。对付这类儿童，父母需请医生详细诊察。倘若他真有这样的毛病，应当赶快矫正；不然有发展成歇斯底里（Hysteria）等病的危险。对于这样的儿童有时一句话可以把他的病根道破；他亦无从施行他的伎俩了。有时儿童的这类变态行为已根深蒂固，那就需请教儿童心理学专家。不过这种例子不多见罢了。

第二种特殊的病后儿童会因为病时曾受了别人特别的注意，病好之后，便格外的好逞能自夸，高声说话，句句话里总离不了"我怎样怎样。"（自然，有些儿童一向就是这样的。）这种逞能自夸的恶习，对于儿童人格的发展极有害处。好些"夸大欺人""刚愎自用"的坏品格，大半是从幼时"我这样，我那样"的态度演变而成的。"夸大欺人"和"刚愎自用"的两种人，都不能见容于社会，所以他们成功的机会亦很少，因为社会大半都喜欢那谦卑、和蔼、实事求是的人。

好逞能自夸，处处希望得别人注意的儿童，还有一个危险，这种儿童（或成人），无论从事何种工作，其动机总不外乎"自我"。他在工作的本身里找不着快乐。他最惬意的时候，是在别人赞美他、注意他、崇拜他的当儿；至于他有没有真受得起别人赞美的功绩，他是不管的。换言之，这种人从小到大就不能脚踏实地地，或是实事求是地去做一件事，因为他的心里时时存着患得患失的念头。

应该怎样矫正这样的儿童？因限于篇幅，是不能在此详细讨论的。作者在此仅提出一个重要的原则，就是：永不要夸奖儿童自己；只夸赞儿童所做的工作；自然，他没有做了什么可夸的工作时，便不应该去夸奖他。这亦许是一般父母很难做到的。李大嫂的儿子一星期至少要逃三四次学,每天还要做许多恶作剧;你要说他一句,他会向你的祖宗来呵骂,有时甚至连李大嫂自己都要被他骂个不亦乐乎。可是,李大嫂偏要说,她的儿子是世界上最好的孩子哩。

以上的各个问题,不一定是每个父母能遇见的问题,但那是一般的事实。亦许有人觉着用那样的方法训练儿童,不亦太心硬乎?这里,便是开明的父母和愚昧的父母之分别了。愿现在的父母们,对于疾病儿童,应加以注意。

儿童与父母间的爱情[1]

首先倡言儿童对父母的爱情里，含有罪恶的、不光明的及不幸的成分，因而吓坏了一般的父母的，是维也纳的医士弗洛伊德[2]（即近代精神分析派的鼻祖——译者）。行为派心理学者华生[3]，几乎在每个问题上，都和弗氏有相左的意见，唯在这一点上，竟和弗氏不约而同。他很显然地表示，谓儿童之有母亲，是造物者的失策，他希望造物者的这种不幸的安排，应由政府当局速谋补救。可是儿童亦可以慢慢爱上保姆，亦照样有害于他的发展，所以他主张保姆亦应当常常调换。儿童须独自睡在一个屋里，他生活的环境须十分纯洁。据华生讲，这样，儿童就可以避免了一切情感的联系，俾能将来专心从事于事业，这是一个工业世界中领袖必须接受的教育。

我以为这是一个极端错误的见解，因为没有一点儿经验的根据，纯为一种演绎的推论。某种心理学的理论，说一切爱情里必须都含有性欲的成分；某种伦理的主张，却说除夫妇的开心外，凡含有性欲因素的爱情，都不是正常的。这两种说法，我都反对，但我所要特别来辩驳的，却是前一种主张。自然，我们承认，父母对儿童的爱情，或儿童对父母的爱情，有一部分是属于身体的。没有肉体成分的爱情，不过是教徒摩尼（Manichaean）的梦想而已。富有爱情的父母，喜欢吻抱他们的孩子；儿童们——特别是那些年幼的，喜欢父母身上的温暖，他们贴近父母的身体，感觉着安稳愉快。可是在我看来，把这叫作性欲的爱情，未免有些抹杀事实。幼儿从母亲怀抱里获得的满足，正和我们成人从热水袋所得的温暖，加上从警察得到的平安二者联合的感觉一样。父母对儿童的感觉，自然是复杂得多。我不否认，有些父母对儿童的爱情里，含有性的成分。只要父母的

---

[1] 原文出处：[英]罗素：《儿童与父母间的爱情》，张官廉译，《现代父母》1936年[第4卷]第2期；同名文章另发表于《沙漠画报》1942年[第5卷]第11期。——编者注

[2] 原文为"弗洛得氏"，今译作"弗洛伊德"。——编者注

[3] 原文为"瓦特生氏"，今译作"华生"。——编者注

爱情有了这样的动机,他就会对儿童发生异样的感觉,以致引起规外的行动。我很情愿地承认,如果父母存了这样的心理,在儿童方面,亦很易起了同样的反应。然而这并不是人类自然情绪的正常发展,而是由不幸的环境造成的乖邪的、病态的行为。老牛舐犊,其情依依;但她的这种行为,迥异于她在母牛面前那种情欲行动的行为。但我觉着,如果弗洛伊德医士看见了她的这种抚弄幼子的行为,必会说她已起了乱伦的念头。一个人类的母亲,如果她的本能未曾变坏,她的性生活亦很美满,那么她对儿童的关系,亦正和老牛对其幼犊的抚爱,是一样的纯洁。如果她自己的感觉是很正当的,那么儿童的反应,亦必正当。所谓"俄狄浦斯情结"(Oedipus Complex)①如果有的话,一定是由母亲自己的错误态度所造成,比如有些母亲,要从儿童们的身上,获得像成人间发生性开心时所引起的快感。

稳静的爱情②

母亲和儿童间身体亲密接触,如果行之得当,不但没有害处,而且极有益于儿童的发展。一个儿童应当有人特别地爱他;这使他感觉安全,因之处处会有胆量。缺乏爱情的儿童,常是胆怯的,很容易消瘦;他常存着一种反对世界的愤怒,所以常常发怪脾气,作反抗的行动;他们也许学会了偷窃,或以梦游(Sleep-Walking)来引人注意。华生的教育理论,多是关于习惯养成的原则,但他只想到动作的习惯,然而感情的习惯也同样的重要。或者我们不当说他完全忽略了感情的习惯,因为他说过不少关于惧怕的话,确实很有价值;他甚至知道怎样教儿童喜爱一个毛兔子;但因为某种缘故,他对怎样去教儿童爱人,却竟一字不提。可是对人做亲爱的、友好的反应,是人类最有价值的习惯。如果我们鄙视儿童和父母间一切身体上的接触,便绝不会使儿童养成这种习惯。更有甚者,凡听了这种学术观点,而永不去拥抱其子女的母亲,势必要尽力抑止她对儿童的爱情;结果,她在儿童面前的行为,会变成拙笨、不自然、忸怩的样子,儿童们自己不久

---

① 原文为"依底帕斯情结",今译作"俄狄浦斯情结"。——编者注。
② 此部分所说的"爱情",特指父母对子女的"爱",而非上一节所谈的"爱情"。——编者注。

就会自然而然地感受到。当他们看见别的儿童，受他们母亲的温存抚爱，多么自然，他们必会存满了嫉羡的情绪；这种心理滋长到极度时，他们会成了社会的仇敌。因为以上的种种理由，我反对现代的理论家对父母儿童们爱情上的加害。

父母们的过虑

虽然我不承认父母一定是有害于儿童的那种主张，但我想，儿童不宜太常和父母胶在一起。儿童需要和别的儿童做朋友，也许在两岁前尚不十分需要，但过了这个时期，对友伴的要求，就随着他的年龄逐渐增加。因此，他们每天应有一部分的时间是在学校里度过的。况且父母们有他们应做的事务，倘若儿童整天在家里，则他们的活动必会受到许多不当的束缚。在现代的小家庭里，父母很容易给儿童以过分的注意。时常的注意刺激儿童太大，会使他们老希望得到别人的嘉奖。倘若父母对儿童不能采取镇静的态度，他们的过虑很易使儿童在玩耍时显示胆怯的样子，或是因为他们时常干涉儿童的活动，使儿童成了暴躁易怒的性情。

父母失败的原因

做聪明的父母，的确很难。我可以想出五个可称为父母失败的主要原因：

第一，**缺乏对儿童的真爱情**。这种情形的普遍，实际上远甚于我们所能想象得到的。其所造成的恶果，上面已略论之，兹不再赘述。

第二，**占有的爱情**。这实在是由于其中夹杂了性的因素，这是那种造成"俄狄浦斯情结"及一切心理病症的爱情。

第三，**过度的刺激**。这是现代的父母们，对儿童的一个很普遍的错误；这亦许是出于父母们要给儿童太多快乐的缘故，特别是那些被动的快乐，如听戏，看电影之类，或是因为给儿童太多炫示自己的机会，或是因为太常让他们在成人面前听他们不易领悟的谈话。

第四，**过度的心理压制**。在从前，这是很普通的，现在已慢慢减少；但在那些父母神经敏感，太好雅洁，或太讲究礼仪的家庭里，仍有这种现象。

第五，**父母间的不和**。这在儿童的神经上，产生各种各样的不良影响；倘若父母没有充分的自制力，来避免在儿童面前显露他们彼此间感情的破绽，最好的方法就是尽量让儿童少在家里。

或者，我们应当再加上第六个，亦是我自己现在正竭力防止的一种原因，那就是对自己的能力缺乏自信心。父母们应当鼓励儿童自信他们的能力充足。儿童能很自信地做一件错事，常是比他很胆怯地做一件好事，还要对他有益处。

正当的爱情

倘若你对儿童的感情动机纯正，那么你对儿童在心理上的处置亦不致错误，你所获得的任何知识，必是很有用处的，设若那是真正知识而非空洞的理论。反之，倘若你在对儿童的感情里，掺杂了不纯洁的成分，那么任凭你有多少知识，在儿童身上绝不会产生良好的效果。倘若你很不幸地有了一个不能为你出于自然之心而爱的孩子，就应当赶快把他远远地送交那比较能爱护他的人去抚养。可是倘若你对儿童的感情，是出于正当的父母之爱，而不是占有的热恋，那就是说，不是希望他对你有什么反应，乃是希望他将来有伟大的发展，那就不要丝毫地怀疑你自己的爱情，或让那些理论家灌输给你无谓的疑虑和惧怕。

编后记

本文集主要收集了张官廉先生已发表的和心理学密切相关的文章、译文和一部译著。张先生的译著颇多，本书只收录《父母学》一本，其他译著如《儿童之教育》《心理学》等之所以未收录，因为这些译著已有方便读者阅读的最新译本。而《父母学》所传达的精神，对缓解当前父母在教育子女方面的焦虑，有一定的实用价值。

本文集中，相关作品都以最初版本为准，具体出处皆有标注。汇编过程中，为尊重原著的内容和结构，以存原貌；进行了必要的版式和一些必要的技术处理，以方便阅读。原著专门术语、外国人名、地名等，与今通译有异的，一般改为今译。首次改动均加脚注注明。原著排印有错、漏、讹、倒之处，直接改动，不出校记。

本文集在重新整理和校编过程中，由西北师范大学心理学院的舒跃育教授统筹策划、收集资料并组织人员录入、整理、编注和校对，心理学院的袁彦老师和2018级硕士生丁桂花协助整理和校编。西北师范大学心理学院2020级硕士生靳佳丽和2019级本科生庄思雨、杨欣月和杨佳等同学在文字录入方面付出了大量的劳动，2016级硕士生汪李玲在张官廉先生相关史料的整理中付出了大量劳动，在此深表感谢。

本文集的出版，得到张官廉先生家人的大力支持，特别是张又新先生（张官廉先生之子）提供了相关照片和部分资料，并纠正了部分史料中的错误，并拨冗作序，在此表示感谢。同时，在相关资料的查找中，学校档案馆的邵青山馆长及相关老师提供了帮助；心理学院康廷虎教授提供了相关资料，在此一并表示感谢。

本书的出版，受到西北师范大学校史研究项目（项目号：XSYJ-2020-05）支持和西北师范大学心理学院出版经费的资助，感谢学院领导特别是院长赵鑫教授和学院的创院院长周爱保教授对此书出版的大力支持。同时也非常感谢本书的责任编辑黄山女士为此书的出版所作出的努力！

编者

2020年11月28日